**Prática profissional
no ensino de História:
linguagens e fontes**

inter
saberes

2ª edição

Prática profissional no ensino de História: linguagens e fontes

Norton Frehse Nicolazzi Junior

inter saberes

Rua Clara Vendramin, 58 . Mossunguê . CEP 81200-170 . Curitiba . PR . Brasil
Fone: (41) 2106-4170 . www.intersaberes.com . editora@intersaberes.com

Conselho editorial
  Dr. Alexandre Coutinho Pagliarini
  Drª Elena Godoy
  Dr. Neri dos Santos
  Mª Maria Lúcia Prado Sabatella
Editora-chefe
  Lindsay Azambuja
Gerente editorial
  Ariadne Nunes Wenger
Assistente editorial
  Daniela Viroli Pereira Pinto
Edição de texto
  Monique Francis Fagundes Gonçalves

Capa
  Charles L. da Silva (*design*)
  Street Boutique, Carmen Ruiz, studiovin, finwal89, Maxx-Studio, kostasgr, RemarkEliza e steve estvanik/Shutterstock (imagens)
Projeto gráfico
  Bruno de Oliveira
Diagramação
  Andreia Rasmussen
Equipe de design
  Sílvio Gabriel Spannenberg
Iconografia
  Regina Claudia Cruz Prestes

Dados Internacionais de Catalogação na Publicação (CIP)
(Câmara Brasileira do Livro, SP, Brasil)

Nicolazzi Junior, Norton Frehse
  Prática profissional no ensino de história : linguagens e fontes / Norton Frehse Nicolazzi Junior. -- 2. ed. -- Curitiba, PR : InterSaberes, 2024.

  Bibliografia.
  ISBN 978-85-227-0873-4

  1. Didática 2. História – Estudo e ensino 3. Prática de ensino 4. Professores de história 5. Sala de aula – Direção I. Título.

23-177177   CDD-907

Índices para catálogo sistemático:
1. História : Estudo e ensino   907

Cibele Maria Dias – Bibliotecária – CRB-8/9427

1ª edição, 2018.
2ª edição, 2024.
Foi feito o depósito legal.
Informamos que é de inteira responsabilidade do autor a emissão de conceitos.
Nenhuma parte desta publicação poderá ser reproduzida por qualquer meio ou forma sem a prévia autorização da Editora InterSaberes.
A violação dos direitos autorais é crime estabelecido na Lei n. 9.610/1998 e punido pelo art. 184 do Código Penal.

Sumário

11 *Agradecimentos*

13 *Apresentação*

19 *Como aproveitar ao máximo este livro*

Capítulo 1
23 **História e aulas de História**

(1.1)
25 História nas salas de aula

(1.2)
28 Aplicabilidade dos conhecimentos históricos

(1.3)
31 Fontes históricas no ensino de História

(1.4)
44 Arte e tecnologia nas aulas de História

(1.5)
51 Sequências didáticas para as aulas de História

Capítulo 2
63 **Livros nas aulas de História**

(2.1)
65 Livros e leitura

(2.2)
72 História da alimentação

(2.3)
86 Histórias em quadrinhos

Capítulo 3
109 **Música, fotografia e cinema nas aulas de História**

(3.1)
111 Fontes visuais, audiovisuais e musicais

(3.2)
117 Música

(3.3)
123 Fotografia

(3.4)
133 Cinema

Capítulo 4
147 **Artes plásticas e arquitetura nas aulas de História**

(4.1)
149 Artes plásticas nas aulas de História

(4.2)
169 Arquitetura: a cidade nas aulas de História

(4.3)
175 Arquitetura: a residência nas aulas de História

Capítulo 5
191 **Patrimônio cultural, cartografia e mapas nas aulas de História**

(5.1)
193 Patrimônio cultural

(5.2)
202 Cartografia e mapas

Capítulo 6
223 **Experimentando nas aulas de História**

(6.1)
225 Jogos nas aulas de História

(6.2)
231 Outras representações nas aulas de História

(6.3)
235 Temas problematizadores nas aulas de História

(6.4)
243 Argumentando nas aulas de História

(6.5)
250 Relatos de experiências em sala de aula

261 *Considerações finais*
263 *Referências*
279 *Bibliografia comentada*
283 *Respostas*
295 *Sobre o autor*

Dedico esta obra à minha família: ao meu amor, Neni; e aos meus filhos, Neto e Tonho.

Agradecimentos

Esta obra é o resultado de mais de duas décadas de ensino em salas de aula, trajeto em que aprendi muito e, muitas vezes, ensinei. Agradeço, portanto, a todos os meus alunos e colegas professores.

Agradeço, nominalmente, ao professor Marcos Aurélio Pereira dos Santos, com quem muito aprendi, e aos colegas de ofício Beatriz Pinheiro de Campos, Dilene Bachiega Simões, Lysvania Villela Cordeiro, Franciele Lopes, Julio Luchmann, Ricardo Selke, Rogério Vieira, Tiago Rattes e Walfrido Soares de Oliveira Junior, que tanto me ensinaram nesses últimos anos.

Gostaria de dedicar também um agradecimento especial àquela que me deu todo o apoio e garantiu as condições para que a obra pudesse ser concluída: Beti Rodenbusch.

Apresentação

Em tempos de transformações tecnológicas rápidas e intensas, viver alheio às inovações é estar desconectado do mundo, tal qual um Robinson Crusoé. A diferença é que o isolamento de Crusoé lhe foi imposto, ao passo que é possível escolher um afastamento dos meios modernos de informação e comunicação. Entretanto, uma escolha como essa traz consigo um ônus demasiadamente pesado, principalmente quando se considera o ofício da docência para a educação básica.

Com todas as diferenças e desigualdades que ainda imperam na sociedade brasileira, a educação demanda constante atenção e atualização, bem como estreita sintonia com os adventos tecnológicos do dia a dia. É fato, por exemplo, que a maioria da população brasileira com dez anos ou mais possui celular e o utiliza para acessar a internet (IBGE, 2016). Diante de uma constatação como essa, é contraprodutivo despender tempo na vã tentativa de coibir o uso de telefones celulares nas salas de aula.

Os docentes precisam de meios para que as aulas sejam interessantes e significativas para os estudantes, a fim de que elas não se transformem em uma luta entre Davi e Golias[1] – na qual o gigante, obviamente, não é o estudante. Entretanto, isso não significa que se deva simplesmente incrementar as aulas com toda e qualquer parafernália tecnológica disponível. Muitas vezes, uma aula interessante e significativa acontece apenas com lousa e giz. Em outras palavras, é preciso que o docente não seja um Golias, mas um Davi, de modo que possa tirar o melhor proveito dos recursos disponíveis – tal qual Davi com os seixos e a funda (Bíblia. 1 Samuel, 2018, 17:49).

Para aulas de História interessantes e significativas, é preciso que o docente atente para o fato de que a escola e os alunos estão em permanente metamorfose – uma aula planejada e executada há dez anos ou, quiçá, há um ano pode não mais alcançar os mesmos bons resultados de outrora. É preciso idêntica atenção para o fato de que o planejamento da aula deve ser dinâmico, assim como são os estudantes. A fórmula ideal para uma aula de História é objeto da mais alta aspiração, mas só existe no pensamento.

Assim, cientes das urgências que se impõem aos docentes de História, apresentamos este livro, resultado da sistematização de ideias, teorias, experiências e práticas relacionadas à atuação profissional na área. Buscamos, portanto, expor nas próximas páginas uma volumosa fundamentação teórica referente ao uso de fontes e linguagens nas aulas de História.

Como sabemos que nem só de teoria se fazem as aulas, apresentamos também experiências em salas de aula da educação básica. Privilegiamos, nesse caso, abordagens para os anos finais do ensino fundamental e para o ensino médio, embora não tenhamos esquecido

---

1   O gigante Golias, que trajava couraça de escamas e capacete de bronze, empunhava uma lança com ponta de ferro e tinha um escudeiro que ia à sua frente, foi derrotado por Davi, que carregava apenas cinco pedras lisas do riacho e uma funda (Bíblia. 1 Samuel, 2018, 17:5-7, 48-50).

os anos iniciais do ensino fundamental – tão importantes quanto os demais na construção e no desenvolvimento do conhecimento histórico dos alunos.

O uso de fontes históricas e diferentes linguagens nas aulas de História é o eixo norteador dos seis capítulos que compõem este livro[2]. Dividimos a abordagem de maneira um tanto parcial, de acordo com algumas impressões e constatações adquiridas durante nossa atuação como docente da educação básica e tendo como base a formação de professores de História por todo o Brasil.

No Capítulo 1, procuramos contextualizar a importância e o funcionamento das aulas de História na segunda metade da segunda década do século XXI. O capítulo começa com uma discussão a respeito do componente *História* nas salas de aula da educação básica. Em seguida, conduzimos uma reflexão sobre os conhecimentos históricos que devem ser priorizados nessas aulas, ou seja, o que é fundamental ensinar e aprender. Na sequência, abordamos o uso das fontes históricas e apresentamos uma visão pessoal de como encarar

---

2   Doravante, nesta obra, utilizaremos a nomenclatura fontes históricas *para designar todo e qualquer material que possa ser explorado em sala de aula com o propósito de problematizar a abordagem de determinado assunto ou tema da disciplina de História. Por vezes, o significado desse termo se confudirá com os de* documentos *ou até mesmo* linguagens. *Portanto, é fundamental esclarecermos que, a despeito de haver importantes distinções conceituais entre tais termos, essas diferenças importam mais ao historiador profissional do que ao professor de História da educação básica. Isso não significa, em hipótese alguma, que devemos menosprezar a importância conceitual dos referidos termos, e sim que, para o ofício da docência na educação básica, tais conceitos não são o que há de mais importante, visto que o objetivo do ensino da História nessa fase não é a formação de pequenos historiadores. Assim, é importante o docente saber o que é uma fonte e como conceituá-la; saber distinguir uma fonte primária de uma secundária; saber que determinada linguagem também pode ser analisada como uma fonte; e saber que, para os propósitos da educação histórica e do desenvolvimento da capacidade de pensar historicamente entre os estudantes da educação básica, provavelmente o domínio de tais conceitos será mais útil para ele mesmo como profissional do que para os estudantes.*

Norton Frehse Nicolazzi Junior

o trabalho com as linguagens, pensadas em uma perspectiva bastante ampla. Finalizamos o primeiro capítulo com uma sugestão de como é possível organizar o planejamento de uma sequência didática; afinal, de nada vale seguir falando no uso de linguagens nas aulas de História se o planejamento permanece frágil.

No Capítulo 2, tratamos os livros como linguagem a ser explorada nas aulas de História. Para isso, propomos uma reflexão sobre os livros e a prática de leitura, que entendemos como fundamental para a compreensão de como esse trabalho pode ser encaminhado na escola. Considerando que a reflexão dos livros como linguagem é demasiadamente ampla, apresentamos como eles podem aparecer diante dos leitores, isto é, quais são os tipos de livros que, vistos como fontes históricas, demandam tratamento diferenciado. Pela importância que a linguagem dos quadrinhos tem atualmente, decidimos contemplá-la nesse capítulo, tendo em conta que se apresentam, por via de regra, no formato de um livro ou revista. Para os quadrinhos, dedicamos duas abordagens possíveis, relacionando-os com história e memória e entendendo-os especificamente como fontes históricas.

No Capítulo 3, versamos sobre as linguagens visuais, audiovisuais e sonoras/musicais – que englobam a fotografia, o cinema e a música, respectivamente. Iniciamos o capítulo com uma apresentação que contextualiza o uso desse tipo de linguagem nas aulas de História. Tendo em mente a vastidão de possibilidades que tais linguagens oferecem tanto para discussão teórica como para exemplificação prática, delimitamos a abordagem com exemplos bem específicos. Quanto à música, apresentamos uma análise contextualizada indicando caminhos básicos para se explorar uma fonte. No caso da fotografia, examinamos questões relacionadas à autenticidade de uma fonte. Para o cinema, focamos os encaminhamentos práticos para utilização da fonte em sala de aula.

No Capítulo 4, indicamos outras expressões artísticas como linguagens para as aulas de História: a escultura, a pintura e a arquitetura. Primeiramente, apresentamos uma contextualização referente ao uso da arte e da arquitetura nas aulas de História. Em seguida, analisamos como uma escultura pode ser explorada como fonte histórica – sempre por meio de exemplos práticos. No caso da pintura, propomos uma reflexão sobre como determinadas nuances e detalhes revelam aspectos do passado. Para a arquitetura, reservamos duas abordagens: uma considerando as cidades como fonte a ser trabalhada em sala de aula e outra considerando as casas.

Depois de examinarmos linguagens conhecidas e muito exploradas nas aulas de História, contemplamos linguagens que são um tanto menosprezadas. Assim, no Capítulo 5, privilegiamos o patrimônio cultural, a cartografia e os mapas. Sobre o patrimônio cultural, tecemos considerações e indicamos alternativas viáveis para o trabalho em sala de aula. A cartografia e os mapas são apresentados, inicialmente, segundo suas particularidades como linguagem e, posteriormente, como fontes históricas. Encerramos o capítulo com o valor do uso das novas tecnologias da informação e comunicação (TICs) em sala de aula, propondo o trabalho com dispositivos geoespaciais nas aulas de História.

No Capítulo 6, último do livro, compartilhamos algumas experiências de sala de aula, pois acreditamos que o discurso deve refletir a prática e vice-versa. Portanto, como demonstração de que tudo o que foi exposto nos capítulos anteriores não é fruto apenas de elucubrações teóricas, mas também de crenças e atitudes, começamos o capítulo contemplando o jogo como atividade lúdica com enorme potencial para as aulas de História. Em seguida, descrevemos experiências com o uso de representações não linguísticas nas aulas de História e uma proposta de utilização de temas problematizadores como fios condutores na organização de sequências didáticas. Posteriormente, mostramos como a argumentação historicamente plausível é importante na construção e no desenvolvimento do conhecimento histórico. Por fim, compartilhamos algumas iniciativas executadas nas salas de aula por onde passamos.

A você, leitor deste livro, fazemos uma advertência: as próximas páginas não são a salvação para as aulas de História; tampouco o simples emprego de fontes e diferentes linguagens pode operar, por si só, uma transformação em direção a aulas mais dinâmicas, interessantes, modernas e significativas. Aqui, você encontrará muita informação que foi reunida ao longo de quase duas décadas de atuação profissional e que, esperamos, pode ser significativa em sua trajetória também.

Boa leitura!

Como aproveitar ao máximo este livro

Esta seção tem a finalidade de apresentar os recursos de aprendizagem utilizados no decorrer da obra, de modo a evidenciar os aspectos didático-pedagógicos que nortearam o planejamento do material e como o aluno/leitor pode tirar o melhor proveito dos conteúdos para seu aprendizado.

Introdução do capítulo

Logo na abertura do capítulo, você é informado a respeito dos conteúdos que nele serão abordados, bem como dos objetivos que o autor pretende alcançar.

Preste atenção!

Nestes boxes, você confere informações complementares a respeito do assunto que está sendo tratado.

Importante!

Algumas das informações mais importantes da obra aparecem nestes boxes. Aproveite para fazer sua própria reflexão sobre os conteúdos apresentados.

Indicações culturais

Nesta seção, o autor oferece algumas indicações de livros, filmes ou *sites* que podem ajudá-lo a refletir sobre os conteúdos estudados e permitir o aprofundamento em seu processo de aprendizagem.

Síntese

Você conta, nesta seção, com um recurso que o instigará a fazer uma reflexão sobre os conteúdos estudados, de modo a contribuir para que as conclusões a que você chegou sejam reafirmadas ou redefinidas.

Atividades de autoavaliação

Com estas questões objetivas, você tem a oportunidade de verificar o grau de assimilação dos conceitos examinados, motivando-se a progredir em seus estudos e a se preparar para outras atividades avaliativas.

Atividades de aprendizagem

Aqui você dispõe de questões cujo objetivo é levá-lo a analisar criticamente determinado assunto e aproximar conhecimentos teóricos e práticos.

Bibliografia comentada

Nesta seção, você encontra comentários acerca de algumas obras de referência para o estudo dos temas examinados.

Capítulo 1
História e aulas de História

Para iniciarmos nossas reflexões sobre a prática profissional dos professores de História, trataremos da função e dos objetivos da História nas aulas da educação básica e dos conhecimentos históricos que devem ser construídos e desenvolvidos nessa fase de aprendizado. Abordaremos também o uso e a importância das fontes históricas nas aulas, fornecendo exemplos práticos de suas possibilidades no processo de ensino-aprendizagem.

Além disso, apresentaremos uma perspectiva possível para as aulas ao sustentarmos que é factível, por meio da arte e da tecnologia, alcançar os objetivos para a construção e o desenvolvimento do conhecimento histórico. Por fim, como sugestão, descreveremos uma forma de organização de sequências didáticas, algo fundamental para auxiliar no planejamento das aulas.

(1.1)
História nas salas de aula

Os docentes de História costumam alimentar o desejo de que as aulas sejam, de fato, significativas para os estudantes. Infelizmente, muitas vezes, esses profissionais se deparam com a tradicional indagação dos alunos: "Para que eu preciso saber história, professor(a)?"

Cansados de tentar encontrar uma resposta que se contraponha ao ceticismo típico das crianças e dos adolescentes, os professores buscam explicações convincentes – não apenas com argumentos, mas com práticas didático-pedagógicas que efetivamente permitam aos aprendizes estabelecer vínculos essenciais e não arbitrários entre os novos conteúdos e os conhecimentos prévios que cada um tem.

A tarefa não é fácil, ainda mais para professores que estão há muito tempo em sala de aula, já acostumados com certas estratégias e encaminhamentos. Como em todas as atividades humanas, esses profissionais tendem a repetir e reproduzir conteúdos preparados anteriormente e transmitidos com sucesso (muitas vezes, com algum acerto). Portanto, aventurar-se em busca de práticas didático-pedagógicas diferentes implica rever tudo aquilo que se faz por costume, sempre com um único objetivo: melhorar as aulas.

No entanto, como já afirmamos, a tarefa não é fácil, pois exige deixar a zona de conforto pela qual se transita com domínio e segurança. Não ser fácil, entretanto, não significa ser impossível – a tarefa apenas exigirá muito esforço e adaptação, além, é claro, de um embasamento teórico e metodológico que possibilite transformar as aulas de História em um processo de ensino-aprendizagem que seja, de fato, significativo para todos os estudantes, favorecendo a construção do conhecimento histórico e da consciência histórica.

A consciência histórica é, ao mesmo tempo, o campo de ação e o objetivo da aprendizagem histórica. Assim, as aulas de História devem promover oportunidades para os alunos desenvolverem sua consciência histórica, já que é por meio dessa consciência que se efetiva a aprendizagem histórica. Saber disso já é um começo para a aventura da **mudança** – conceito que ajuda a compreender as novas demandas da aprendizagem histórica.

Para Theodoro (2005, p. 49), "tudo muda, a cada momento, no mundo contemporâneo. Portanto, o conceito com o qual precisamos trabalhar, atualmente, com muita desenvoltura, é o de 'mudança'". A recomendação da autora encontra eco no pensamento dos historiadores Carla Pinsky e Jaime Pinsky, para quem

> *as grandes mudanças políticas e econômicas ocorridas no final do século XX causaram muita perplexidade entre professores e estudantes de História em geral, criando, em certos círculos, atitudes de ceticismo com*

relação ao próprio conhecimento histórico, o valor do ensino de História nas escolas e seu potencial transformador. (Pinsky; Pinsky, 2005, p. 17)

Nesse contexto contemporâneo, torna-se imperativo que os professores de História organizem a atividade docente em sintonia com as exigências do mundo real. Propiciar uma aprendizagem histórica significativa só é possível para aqueles que acreditam que há meios de desenvolver uma prática de ensino de História adequada aos novos tempos.

Pinsky e Pinsky (2005, p. 19) ainda observam que "uma prática de ensino de História adequada aos novos tempos (e alunos) [deve ser]: rica de conteúdo, socialmente responsável e sem ingenuidade ou nostalgia. Historiador/professor sem utopia é cronista e, sem conteúdo, nem cronista pode ser". No entanto, é preciso considerar que os conteúdos não são fins em si mesmos, e sim o caminho pelo qual competências cognitivas ou sociais podem ser desenvolvidas, sendo, assim, mais importantes do que um mero amontoado de informações.

Bezerra (2005, p. 41)defende que sejam trabalhados conceitos fundamentais por meio dos conteúdos curriculares de História para o ensino da disciplina no ensino básico, pois são conceitos que

fazem parte do arcabouço que foi se constituindo através dos tempos, pela prática dos historiadores. Construindo-se uma "lógica da História", que pode ser concebida como um conjunto de procedimentos e conceitos em torno dos quais devem girar as preocupações dos historiadores. Independentemente das mais variadas concepções de mundo, posicionamentos ideológicos ou proposições de ordem metodológica, não há como não trabalhar com esses conceitos, ou pelo menos com uma parte importante deles.

Entre os conceitos que devem ser trabalhados nas aulas de História, é possível citar o próprio conceito de *história*; o de *processo histórico*; o de *tempo* – e as temporalidades históricas (tempo cronológico, tempo histórico e tempo psicológico); o de *sujeito histórico*; o de *cultura*; o de *cidadania*; e o de *permanências* e *rupturas históricas*. Também podemos mencionar o conjunto de conceitos que envolve as noções de *anterioridade, simultaneidade* e *posterioridade*.

É por meio da apresentação dos conteúdos de História atrelada ao domínio dos conceitos fundamentais para a compreensão histórica que, efetivamente, ocorre a construção do conhecimento histórico. Somente assim, relacionando-se conteúdos com conceitos históricos, o processo educacional relativo à disciplina de História pode possibilitar uma aprendizagem significativa aos estudantes.

(1.2)
APLICABILIDADE DOS CONHECIMENTOS HISTÓRICOS

Como afirmamos anteriormente, os professores costumam ser interpelados sobre a importância e a validade de se aprender história, já que os estudantes têm dificuldade em compreender as razões que justificam o aprendizado histórico e não reconhecem a aplicabilidade prática da história em sua vida. Com o intuito de fornecer respostas satisfatórias a esses questionamentos, os professores buscam argumentos convincentes que sustentem a crença de que aprender história é muito mais do que mero acúmulo de informações sobre o passado: é resultado de uma relação dinâmica entre o desenvolvimento de uma consciência histórica, a produção historiográfica e os processos de ensino. É na dinamicidade dessa relação que reside uma prática docente que se modifica continuamente, que se transforma, evoluindo e envolvendo grande criatividade. A ausência da modificação contínua da prática docente leva a um ostracismo acompanhado de lugares-comuns e à pasmaceira da monotonia, revelando um profissional carente de viço, sem a energia vital que deve estar presente no dia a dia das salas de aula. O aperfeiçoamento criativo é condição *sine qua non* para aulas de História realmente significativas para os alunos e para os professores.

Uma aula significativa dessa disciplina deve considerar a aplicabilidade do conhecimento histórico na vida individual e social do estudante e, ainda, o modo como o estudante experencia o passado, interpretando-o como história. Ao oferecer essa possibilidade nos processos de ensino-aprendizagem, o professor cria condições factíveis para o desenvolvimento da consciência histórica dos aprendizes.

A consciência histórica é, como afirma o historiador e filósofo da história Jörn Rüsen (citado por Schmidt; Barca; Martins, 2010, p. 36), aquilo que "dá estrutura ao conhecimento histórico como meio de entender o tempo presente e antecipar o futuro". Além disso, "a consciência histórica pode ser analisada como um conjunto de operações mentais que definem a peculiaridade do pensamento histórico e a função que ele exerce na cultura humana" (Rüsen, citado por Schmidt; Barca; Martins, 2010, p. 37), sendo alcançada basicamente pela narração histórica que atribui sentido ao passado. Cientes disso, os professores podem organizar uma argumentação sólida para demonstrar a aplicabilidade da história na vida cotidiana, evidenciando aos estudantes que as aulas de História são mais do que o simples arrolar de dados do passado:

> *Nós podemos aprender que a consciência histórica pode exercer um papel importante naquelas operações mentais que dão forma à identidade*

humana, capacitando os seres humanos, por meio da comunicação com os outros, a preservarem a si mesmos. [...] Se nós pudermos considerar a educação histórica como um processo intencional e organizado de formação de identidade que rememora o passado para poder entender o presente e antecipar o futuro, então a didática da história não pode ser posta de lado como sendo alheia ao que diz respeito aos historiadores profissionais.
(Rüsen, citado por Schmidt; Barca; Martins, 2010, p. 38)

Nesse sentido, o aprendizado histórico e o desenvolvimento da consciência histórica se materializam na narração histórica, traduzindo em enredo determinada forma de interpretar o passado. É por meio de diversas possibilidades narrativas que indicamos como compreendemos o passado e quais significados e sentidos de mudança atribuímos à história. As narrativas históricas são o modo pelo qual exprimimos um entendimento do passado, dotando de sentido o resultado da análise de um conjunto de informações a respeito dele, normalmente apresentado pela seleção de certas fontes históricas.

Tanto a narrativa histórica como as fontes históricas analisadas refletem escolhas, opções e perspectivas, denotando posicionamentos ímpares e uma carga de subjetivismo que é própria a todos os historiadores, professores e estudantes de História. Isso significa que existem experiências históricas distintas, o que reforça os processos de individualização e de socialização dos indivíduos. As múltiplas formas de escrever a história, isto é, os diversos modelos narrativos empregados para transmitir ideias historicamente construídas, evidenciam o amplo leque de possíveis interpretações do passado.

Em sala de aula, quando pensamos na educação histórica, os diversos modelos narrativos se apresentam como poderosos aliados nos processos de aprendizagem histórica, favorecendo tanto as compreensões individuais como as variadas gradações das ideias historicamente construídas. Por meio das narrativas históricas, os alunos devem articular, de maneira plausível e inteligível, os conceitos históricos que orientarão sua prática cidadã com relação tanto ao presente quanto ao futuro.

É assim que consideramos válida a defesa do ensino de História e da aprendizagem histórica durante as fases da educação básica – a história como forma de auxiliar na preparação dos aprendizes para que eles possam ser cidadãos plenos, detentores de condições reais de analisar o passado e, diante de suas análises, estabelecer uma interpretação orientativa, isto é, que possibilite integrar suas interpretações do passado no curso de sua vida, norteando ações para o futuro.

(1.3)
Fontes históricas no ensino de História

As fontes históricas são a matéria-prima da história, sem a qual o trabalho dos historiadores não existe. No entanto, apesar de sua importância, essas fontes têm historicidades próprias e revelam aspectos do passado ao sabor da própria história, sempre de acordo com as vontades e os gostos dos historiadores. Por exemplo, se algumas fontes eram preteridas há algumas décadas, ou mesmo há dois séculos, talvez hoje elas revelem mais do que os documentos oficiais da época, muitas vezes considerados os únicos depositários de informações.

A história é sempre "filha do seu tempo", visto que "conforme o presente que vivem os historiadores, são diferentes as perguntas que eles fazem ao passado e diferentes são as projeções de interesses, perspectivas e valores que lançam no passado" (Borges, 2007, p. 56). Para os historiadores, portanto, as fontes históricas têm muito a dizer – dependendo da forma de abordagem, das perguntas feitas e das respostas esperadas.

Além dos historiadores, as fontes históricas também podem ajudar, e muito, os professores de História, bem como seus alunos. A diversidade de aplicação das fontes históricas e seu emprego em sala de aula refletem as mudanças históricas pelas quais a disciplina passou nas últimas décadas do século XX e nas primeiras do século XXI.

Se, ao longo do tempo, algumas fontes perderam *status*, outras ganharam maior notoriedade (como no caso das fontes orais e audiovisuais). Algo semelhante ocorreu nas salas de aula: as aulas expositivas, que outrora gozavam de posição favorável nas escolas, passaram a ser substituídas por outros formatos; o estudante passivo, que apenas recebia informações, passou a sujeito ativo, interagindo com o professor.

Nesse processo de mudanças, que inclui novas formas de abordar o ensino de História, é preciso reorganizar a maneira de se estudar e de se ensinar História. O aluno não pode ser mero observador: ele deve ser sujeito ativo na construção do conhecimento. Para ilustrarmos essa questão, podemos citar o exemplo de Ruiz (2005), que compara os conteúdos de História a edifícios. De acordo com o autor, o professor não deve ensinar os alunos a contemplar construções prontas e acabadas, mas a edificar suas próprias construções.

> *Ensinar a edificar o próprio ponto de vista histórico significa ensinar a construir conceitos e aplicá-los diante das variadas situações e problemas; significa ensinar a selecionar, relacionar e interpretar dados e informações de maneira a ter uma maior compreensão da realidade que estiver sendo estudada; ensinar a construir argumentos que permitam explicar a si próprios e aos outros, de maneira convincente, a apreensão e compreensão da situação histórica; significa, enfim, ensinar a ter uma percepção o mais abrangente possível da condição humana, nas mais diferentes culturas e diante dos mais variados problemas. (Ruiz, 2005, p. 77-78)*

A compreensão da situação histórica tem, como já afirmamos, historicidade própria, assim como as fontes históricas. A história e as maneiras de escrevê-la dizem mais do tempo **em que** se escreve do que do tempo **de que** se escreve. Assim, o "uso das fontes também tem uma história porque os interesses dos historiadores variaram no tempo e no espaço, em relação direta com as circunstâncias de suas trajetórias pessoais e com suas identidades culturais" (Janotti, 2006, p. 10).

O uso de fontes alterou-se no tempo e no espaço, assim como houve alteração quanto ao que se considerava como fonte histórica. Depois de séculos de limitação, nos quais os historiadores tratavam como fontes dignas de investigação apenas os documentos escritos e de origem oficiosa, no século XIX passaram a ser consideradas possibilidades diversificadas, como outros registros escritos, vestígios arqueológicos e resultados da produção artística. A partir dessa mudança, novos horizontes se delinearam diante dos olhos dos historiadores.

Naquela ocasião, com a afirmação da História como disciplina acadêmica, novos estudos históricos desenvolveram-se nos campos da economia e da sociologia,

> A história e as maneiras de escrevê-la dizem mais do tempo **em que** se escreve do que do tempo **de que** se escreve.

voltando-se a coleta e interpretações de fontes – antes focada na área política e na atuação de grandes personagens – para documentos sobre atividades econômicas, devassando-se cartórios, processos judiciais, censos, contratos de trabalho, movimento de portos, abastecimento e outros de cunho coletivo e reivindicatório. (Janotti, 2006, p. 11)

O século XX pareceu não ver limites para o uso indiscriminado de todo e qualquer tipo de vestígio do passado. A partir da década de 1920, uma renovação historiográfica rompeu as barreiras das fontes históricas: tudo podia converter-se em fonte.

> *A história fez-se, sem dúvida, com documentos escritos. Quando há. Mas pode e deve fazer-se sem documentos escritos, se não existirem... Faz-se com tudo o que a engenhosidade do historiador permite utilizar para fabricar o seu mel, quando faltam as flores habituais: com palavras, sinais, paisagens e telhas; com formas de campo e com más ervas; com eclipses da lua e arreios; com peritagens de pedras, feitas por geólogos e análises de espadas de metal, feitas por químicos. Em suma, com tudo o que, sendo próprio do homem, dele depende, lhe serve, o exprime, torna significante a sua presença, atividade, gostos e maneiras de ser.* (Febvre, citado por Le Goff, 1990, p. 55)

No mesmo texto, Le Goff ainda cita Marc Bloch, que chama atenção para o fato de que os testemunhos históricos, assim como sua diversidade, são praticamente infinitos, visto que tudo o que o homem produz é capaz de informar algo. Assim, tudo, sem exceções, tornou-se passível do escrutínio dos historiadores:

> *mapas meteorológicos, processos químicos, documentos de ministérios da agricultura, relatos de incêndios, cartas sobre catástrofes climáticas do passado, diários, biografias, romances, estudos psicanalíticos, Psicologia da arte, releitura dos clássicos greco-romanos, o discurso mítico, Antropologia cultural, culto de santos, doutrinas religiosas, livros pornográficos e clandestinos, estatísticas de publicações diversas, ilustrações, caricaturas, jornais, manuais de bons hábitos, fotografias, literatura médica, receituários, dietas alimentares, documentos de ministérios da saúde sobre epidemias, escrituração de estabelecimentos voltados ao abastecimento, contas da Assistência pública, estudos de Biologia, cardápios de hospitais e listas de compra, menus de restaurantes, arte culinária, utensílios de*

serviços de mesa, sondagens de opinião pública, depoimentos orais, filmes mudos, sonoros e coloridos, plantas de salas de exibição de filmes, letreiros, legendas, técnicas de filmagem, filmes de propaganda política, festas de loucos, fantasias, comemorações nacionais, bailes, cores, programas de festas públicas e particulares, homenagens, músicas, celebrações religiosas, discursos, trajes especiais e uma infinidade de outras mais. (Janotti, 2006, p. 15)

Diante do imensurável rol de fontes históricas disponíveis para que os historiadores possam conjecturar sobre o passado, cabe também aos docentes utilizá-las em sala de aula. Nessa perspectiva, os Parâmetros Curriculares Nacionais para o Ensino Médio indicam que

Os documentos deixaram de ser considerados apenas o alicerce da construção histórica, sendo eles mesmos entendidos como parte dessa construção em todos seus momentos e articulações. Passou a existir a preocupação em localizar o lugar de onde falam os autores dos documentos, seus interesses, estratégias, intenções e técnicas. (Brasil, 2000, p. 22)

Trata-se de uma explicação de como o trabalho com as fontes históricas passou a ser exigido em sala de aula. Mais tarde, na redação original do texto preliminar da Base Nacional Comum Curricular, em sua primeira versão, considerou-se atribuição dos anos iniciais da educação básica "a construção das noções fundamentais do saber histórico (**por meio do estudo com fontes e documentos**, noções de tempo, sujeitos, permanências e mudanças) e o trato inicial com processos históricos" (Brasil, 2015, p. 242, grifo nosso).

A construção das noções fundamentais do saber histórico deve, por meio das fontes históricas, favorecer o desenvolvimento de competências relacionadas à leitura, à análise, à contextualização e à interpretação, proporcionando a professores e alunos condições de ler o mundo com suas próprias lentes. Ler o mundo por perspectivas variadas deve ser um dos objetivos das aulas de História. As fontes históricas assumem, assim, uma função que vai além da mera ilustração, como explica Vera Cabana Andrade (2007, p. 235, grifo nosso):

> A nova concepção de documento, **que explicita sua utilização para muito além da mera função de ilustração e/ou motivação**, aponta para o redirecionamento da atividade didática do professor como condutor do processo ensino-aprendizagem. Em contato com os documentos, professores e alunos constroem, no ato de ensinar e aprender, as relações e representações entre o passado e o presente, numa experiência possível de leitura do mundo. O ensino de História a partir do trabalho com fontes documentais possibilita, ainda, a professores e alunos identificarem, recuperarem, registrarem e (re)significarem no cotidiano vivido as marcas do passado.

A utilização das fontes históricas em sala de aula vai muito além da mera função de ilustração ou motivação: ela é legitimada tanto por concepções pedagógicas quanto pelas teorias e metodologias da área mais recentes. Não obstante a referida legitimação, é importante observar alguns cuidados para que o trabalho com fontes históricas em sala de aula seja significativo.

Conhecer a fonte histórica deve ser o ponto de partida, afinal, "nenhum documento fala por si mesmo, ainda que as fontes primárias continuem sendo a alma do ofício de historiador" (Napolitano, 2006, p. 240). *Conhecer*, nesse sentido, implica alguns questionamentos básicos, como: Em que condições a fonte foi produzida? Para que a fonte foi produzida? Por quem a fonte foi produzida?

Em um primeiro momento, tais questionamentos parecem óbvios ou, para historiadores de ofício, demasiadamente simplistas. É bom lembrar, no entanto, que estamos pensando na utilização das fontes históricas em salas de aula da educação básica. Logo, quanto mais informações for possível arrolar a respeito de determinada fonte histórica, mais fundamentada será a análise proporcionada aos alunos. Em outras palavras, o ponto de partida é contextualizar da melhor maneira possível a fonte investigada.

Essa contextualização permite ao estudante compreender a linguagem e a especificidade de determinada fonte, pois nada do que os historiadores consideram fontes históricas foi originalmente concebido para tal finalidade. Após a contextualização, vale seguir as orientações de Marson (1984, p. 52, grifo do original) com relação às fontes históricas:

> 1º) *sobre a existência em si do documento:* o que vem a ser documento? O que é capaz de nos dizer? Como podemos recuperar o sentido deste seu dizer? Por que tal documento existe? Quem o fez, em que circunstâncias e para que finalidade foi feito?
> 2º) *sobre o significado do documento como objeto:* o que significa como simples objeto (isto é, fruto do trabalho humano)? Como e por quem foi produzido? Para que e para quem se fez esta produção? Qual é a relação do documento (como objeto particular) no universo da produção? Qual a finalidade e o caráter necessário que comanda sua existência?
> 3º) *sobre o significado do documento como sujeito:* por quem fala tal documento? De que história particular participou? Que ação e que pensamento estão contidos em seu significado? O que o fez perdurar como depósito da memória? Em que consiste seu ato de poder?

Tendo em vista os questionamentos propostos, é possível identificar elementos interessantes para uma análise histórica: quando a fonte foi concebida; em qual sociedade ela foi concebida; quem a manipulou; quem a silenciou etc. De posse de tais informações, os aprendizes têm condições de perceber sozinhos que nenhuma fonte histórica é neutra e, justamente por isso, não se deve considerá-las depositárias de verdades inexoráveis. Para trabalhar com fontes históricas, é preciso certa dose de desconfiança, como afirma Bacellar (2006), para quem não devemos nos submeter às fontes, visto que "ser historiador exige que se desconfie das fontes, das intenções de quem a produziu, somente entendidas com **o olhar crítico e a correta contextualização do documento que se tem em mãos**" (Bacellar, 2006, p. 64, grifo do original).

Contextualizar uma fonte histórica leva ao entendimento de que há elementos nela que demonstram interesses de quem a criou, afinal, documentos do passado "não foram elaborados para o historiador, mas sim para atender a necessidades específicas do momento" (Bacellar, 2006, p. 69).

Bittencourt (2004) alerta para outros cuidados que é necessário ter com relação às fontes históricas, como o cuidado com as diferentes linguagens em que se apresentam as fontes. Esse alerta corrobora, com ênfase especial para a utilização didática das fontes históricas, a ideia de Bacellar de que os documentos "são registros produzidos sem intenção didática e criados por intermédio de diferentes linguagens, que expressam formas diversas de comunicação" (Bittencourt, 2004, p. 333).

Para o autor, seja qual for a linguagem da fonte histórica (escrita, visual ou audiovisual), é fundamental considerar de que maneira são articulados os "métodos do historiador e os pedagógicos" (Bittencourt, 2004, p. 333). Para isso, sugerimos o esquema de análise da Figura 1.1, em que se articulam procedimentos e objetivos.

Figura 1.1 – Esquema de análise de fonte histórica

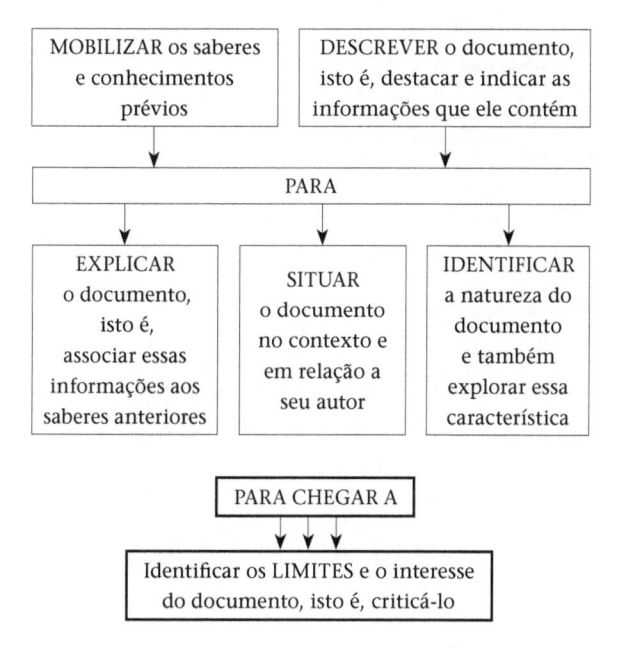

```
┌─────────────────────────┐   ┌─────────────────────────┐
│ MOBILIZAR os saberes    │   │ DESCREVER o documento,  │
│   e conhecimentos       │   │ isto é, destacar e indicar as │
│       prévios           │   │ informações que ele contém │
└───────────┬─────────────┘   └───────────┬─────────────┘
            ▼                             ▼
         ┌──────────────────────────────────┐
         │              PARA                │
         └──────────────────────────────────┘
```

| EXPLICAR o documento, isto é, associar essas informações aos saberes anteriores | SITUAR o documento no contexto e em relação a seu autor | IDENTIFICAR a natureza do documento e também explorar essa característica |

```
         ┌──────────────────────┐
         │    PARA CHEGAR A     │
         └──────────┬───────────┘
                 ▼ ▼ ▼
     ┌──────────────────────────────────┐
     │ Identificar os LIMITES e o interesse │
     │ do documento, isto é, criticá-lo │
     └──────────────────────────────────┘
```

Fonte: Bittencourt, 2004, p. 333.

O esquema é válido para qualquer fonte histórica a ser analisada em determinada situação pedagógica. É necessário, no entanto, sempre atentar para as particularidades de contextualização de cada fonte, bem como para a linguagem em que se apresenta, pois assim aumentam as chances de se promover uma análise histórica significativa.

Figura 1.2 – Fonte histórica: título de eleitor

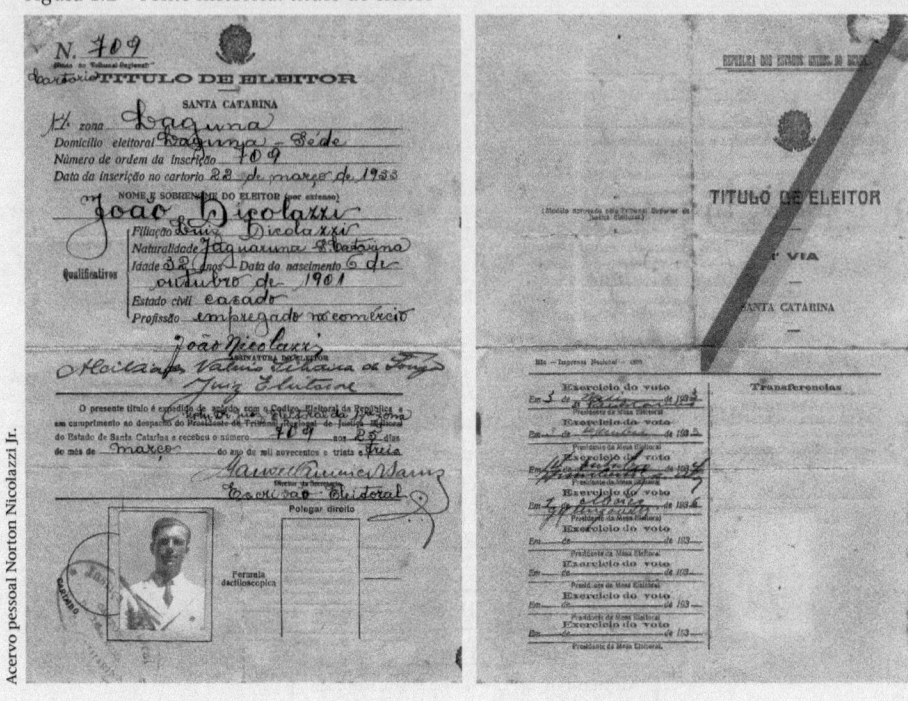

Seguindo o esquema proposto e selecionando uma fonte histórica como exemplo, devemos inicialmente reunir todas as informações possíveis a respeito dessa fonte. A fonte histórica, no caso, é um título de eleitor, da 14ª Zona Eleitoral de Laguna, Santa Catarina. A data de inscrição no cartório é 22 de março de 1933. O eleitor é João Nicolazzi, nascido em 6 de outubro de 1901, filho de Luiz Nicolazzi e natural de Jaguaruna, Santa Catarina. João tinha 32 anos na época da emissão do título de eleitor. Na ocasião, estava casado e atuava no comércio. A foto no título exibe um homem branco trajando roupa sóbria – terno e gravata. João Nicolazzi assinou seu título e gozou do direito ao voto nos anos de 1933, 1934 e 1936. Depois de 1936, não há mais registro de exercício de voto.

Realizada a descrição inicial da fonte histórica, podemos seguir o roteiro de análise proposto por Bittencourt (2004): mobilizar os saberes e conhecimentos prévios para contextualizar o documento, identificar e explorar a natureza dele e explicá-lo, relacionando as informações obtidas com os saberes anteriores. Para essas etapas, vale também recordar o passo a passo indicado por Marson (1984, p. 52):

1. sobre a existência do documento;
2. sobre o significado do documento como objeto;
3. sobre o significado do documento como sujeito.

Contextualizando o documento, podemos situar a fonte histórica em questão na história do Brasil da primeira metade do século XX, no período comumente denominado *Entreguerras*, mais precisamente no período de governo do Presidente Getúlio Vargas. Trata-se, portanto, de uma fonte histórica do período republicano brasileiro. O documento atesta o republicanismo democrático então vigente.

O fato de haver registro do exercício de voto em quatro ocasiões permite supor que, para o período entre 1933 e 1936, a democracia no Brasil funcionou para quem tinha título de eleitor. Depois desse período, não há outros registros de voto, tampouco a fonte histórica em questão permite que saibamos o que aconteceu. Teria o eleitor João Nicolazzi falecido? Teriam as eleições no Brasil sido suspensas? São indagações plausíveis, mas para as quais essa fonte histórica não oferece respostas.

Pelo sobrenome do eleitor, podemos inferir que, sendo natural do Brasil, o eleitor era descendente de italianos. No item *filiação*, a única menção é à figura paterna, fato que pode evidenciar certo machismo e patriarcalismo na sociedade da época. Não é possível saber, com base na fonte histórica, se João tinha filhas e/ou filhos. Da mesma maneira, não se pode afirmar quais eram suas preferências políticas e partidárias. Seria ele um anarquista ou um comunista, a exemplo de outros imigrantes italianos? Seria ele favorável ao governo de Getúlio Vargas? Sua esposa também tinha título de eleitor? Em que tipo de comércio ele trabalhava na cidade de Laguna? Mais uma vez, são todas questões razoáveis, mas que a fonte histórica não elucida.

Reunidas todas essas informações, podemos relacioná-las a saberes e conhecimentos prévios. O governo de Getúlio Vargas marcou o rompimento com a política do café com leite, caracterizada pela alternância entre mineiros e paulistas no poder. Vargas era gaúcho e ascendeu ao cargo máximo do Executivo nacional por meio de um golpe, ou seja, não foi eleito democraticamente pela maioria dos votos dos eleitores brasileiros. Aliás, mesmo que Vargas tivesse sido eleito pela maioria dos votos, teria sido apenas pela maioria da população masculina, visto que as mulheres só conquistaram direito ao voto em 1932 – ainda assim, apenas as casadas (desde que autorizadas pelos maridos), as viúvas e as solteiras com renda própria podiam votar.

O Brasil vivia, em 1933, os reflexos do ranço patriarcal, no qual o homem gozava de liberdades e direitos enquanto às mulheres cabia pouco ou quase nada. Do ponto de vista eleitoral, o Brasil havia sido fortemente marcado por eleições fraudulentas nas três primeiras décadas do século XX – isso sem falar do voto de cabresto e do coronelismo arraigado nos mais diversos recônditos do país.

A cidade de Laguna, no sul de Santa Catarina, já contava, em 1933, com recursos como tipografia, cinema, teatro e hospital. As ruas centrais tinham iluminação pública e o porto ainda movimentava a economia da cidade, tanto econômica quanto socioculturalmente. Da década de 1930 em diante, surgiram as primeiras ruas pavimentadas, os automóveis e os ônibus de transporte urbano.

Foi nesse contexto, em que março de 1933, que o título de eleitor de João Nicolazzi foi expedido, em cumprimento ao despacho do juiz eleitoral da 14ª Zona, Alcebiades Valerio Silveira de Souza. João Nicolazzi teve seu direito ao voto assegurado pelas Constituições de 1891 e 1934, que, apesar das significativas diferenças, estabeleciam a proibição de voto aos mendigos e aos analfabetos. A Constituição de 1934 confirmou o direito das mulheres de votar, mas o voto era facultativo – a obrigatoriedade era válida apenas para os homens.

A última etapa consiste em proceder ao exercício de identificar os limites da fonte histórica e os interesses a ela relacionados, isto é, criticar o documento, atribuindo-lhe significados que sejam inteligíveis e plausíveis. Em sala de aula, essa etapa deve ser de responsabilidade dos estudantes, pois eles é que verificarão as interpretações dadas e poderão, com base nelas e na fonte histórica, elaborar as próprias interpretações, fundamentadas no contexto histórico analisado e na investigação da fonte histórica.

Tendo em vista o que foi apresentado até aqui, esperamos que tenha ficado evidente o papel do docente de História em sala de aula, que deve ser o de **mediador** de conhecimentos e informações, de **orientador** dos alunos no trato com as fontes históricas e de **facilitador** do processo de desenvolvimento e construção do conhecimento histórico. O objetivo do professor da educação básica não é formar historiadores profissionais, mas proporcionar aos aprendizes as condições favoráveis para que, diante das evidências do passado, eles possam organizar uma narrativa histórica inteligível e plausível, de maneira contextualizada e crítica.

(1.4)
ARTE E TECNOLOGIA NAS AULAS DE HISTÓRIA

Aulas de História, por via de regra, remetem à imagem de um professor falando o tempo todo de nomes de personagens conhecidos (apesar do desconhecimento de grande parte dos alunos) e de datas de eventos importantes (embora a maioria dos alunos não os reconheça como eventos dignos de atenção). Mesmo atualmente, já na segunda metade da década de 2010, as experiências em salas de aula pelo Brasil afora atestam que o modelo "cuspe e giz" ainda predomina.

Não cabe aqui analisar as causas desse cenário, mas é importante salientar que o referido panorama decorre de uma soma de fatores, entre eles o histórico descaso do Estado brasileiro para com a educação básica de modo geral e, especialmente, com as ciências humanas, bem como os diversos problemas estruturais que afetam a educação brasileira, como a precária formação inicial dos docentes, a quase nula formação continuada e as péssimas condições físicas das escolas públicas – às vezes, também das particulares.

Obviamente, os fatores mencionados não valem para todas as escolas, tampouco para todos os docentes, mas refletem a crua realidade da educação brasileira. O que temos são ilhas de exceção, tanto no universo público quanto no privado, com escolas-modelo que fazem investimentos na formação continuada dos docentes e dispõem de salas e laboratórios equipados com o que há de melhor e mais moderno.

A despeito da realidade descrita, muitos professores de História têm se esforçado para fazer de suas aulas algo que vá além do "cuspe e giz", que ofereça aos estudantes uma experiência de história diferenciada, significativa e interessante. Para isso, o mais recorrente tem sido a utilização em sala de aula de fontes das mais variadas linguagens:

> *Gravuras, fotos, filmes, mapas e ilustrações diversas têm sido utilizados, há algum tempo, como recurso pedagógico no ensino de História. Os livros didáticos de História, já em meados do século XIX, possuíam litogravuras de cenas históricas intercaladas aos textos escritos, além de mapas históricos.* (Bittencourt, 2009b, p. 69)

Entretanto, vale destacar que, apesar de essas diferentes linguagens serem utilizadas a um bom tempo, sendo recursos já bem conhecidos dos livros didáticos e das aulas de História, é recente a preocupação em estudar seus usos e aplicações. Em outras palavras, embora haja a inclusão dessas linguagens nas aulas, elas não foram, de fato, incorporadas às práticas docentes.

> *Desde o final da década de 1980 as linguagens vêm ganhando destaque em publicações sobre o ensino de história no Brasil. Sob a denominação de "linguagens" ou "novas linguagens", o olhar do professor e do pesquisador do ensino de história vem se voltando para alternativas à tradicional e tão criticada exposição oral, presente nas aulas de história.* (Rocha, 2015a, p. 97)

Visto que o uso dessas linguagens nas aulas de História não é recente, como indicam Bittencourt (2009b) e Rocha (2015a), podemos levantar as seguintes questões a respeito de sua aplicabilidade: De que maneira tais recursos pedagógicos, ou as fontes históricas, têm sido utilizados em sala de aula? As fontes históricas em suas múltiplas linguagens são apenas um motivador para as aulas de História? Usar diferentes linguagens, como a audiovisual, tem outra finalidade além de ilustrar o discurso dos professores? O uso dessas linguagens está incorporado, de fato, ao planejamento do dia a dia da sala de aula ou é apenas um diferencial para fugir do marasmo e da monotonia que caracterizam as aulas predominantemente expositivas?

De acordo com Silva (2013, p. 153), a questão tem sido abordada de forma ambígua:

> Atualmente, a inserção da linguagem audiovisual é tratada em qualquer escola, pública ou particular, de maneira ambígua: por um lado, é vista no bojo das novas tecnologias e das inovações das metodologias de ensino; por outro, é trabalhada como algo complementar, podendo assumir maior ou menor espaço a depender das condições específicas de cada escola, embora figure sempre como complemento e seja, portanto, algo positivo e bem-visto, mas sempre fora do dia a dia, do "normal".

Apesar de o autor salientar a linguagem audiovisual, as linguagens englobam várias possibilidades, entre elas o rádio, a arte, os quadrinhos e as novas tecnologias. Rocha (2015a, p. 98) adverte que, na produção acadêmica referente ao uso de linguagens nas aulas de História, há "um movimento discursivo que exemplifica mais do que define o que elas seriam". Nosso objetivo não é conceituar linguagem ou novas linguagens; portanto, consideraremos apenas que há uma relação direta entre linguagens e fontes históricas, tendo em vista as metodologias que se pautam no processo de ensino-aprendizagem em história – a construção do conhecimento pela ação entre professor e aluno.

Assim, pelo fato de entendermos as diferentes linguagens como fontes históricas, consideramos possível abarcá-las em um conjunto bastante amplo e flexível, denominado **arte e tecnologia nas aulas de História**. Afinal, arquitetura, conhecimento, modernidade, fotografia, cinema, música, rádio, cartografia, GPS e quadrinhos são, de maneira geral, tanto arte quanto tecnologia, além de, obviamente, serem diferentes linguagens passíveis de serem entendidas como fontes históricas.

Nossa proposta de explorar arte e tecnologia nas aulas de História ultrapassa a exibição de imagens, a audição de sons, a contemplação de edifícios e o folhear de livros. Ultrapassa também a utilização dos meios tecnológicos, sejam eles quais forem – lousa, retroprojetor, projetor de *slides*, rádio, televisão, gravador, videocassete, CD e DVD *players*, computadores, *tablets*, *smartphones* etc. Para nós, é preciso que o uso da arte e da tecnologia esteja articulado com os objetivos do ensino de História, que esteja relacionado com as expectativas para a aprendizagem histórica.

Pelo fato de entendermos as diferentes linguagens como fontes históricas, consideramos possível abarcá-las em um conjunto bastante amplo e flexível, denominado **arte e tecnologia nas aulas de História**.

A arte e a tecnologia estão presentes nas salas de aula e nas aulas de História. Entretanto, nem sempre são exploradas a fim de favorecer a construção e o desenvolvimento do conhecimento histórico. Geralmente, essas linguagens entram nas salas de aula para "tapar buracos", para preencher a lacuna da falta de planejamento, complementando o tempo regulamentar de uma aula. Isso é contraprodutivo, pois atesta o despreparo dos docentes que, na maioria das vezes, por desconhecimento, desconsideram que aqueles recursos poderiam transformar suas aulas e a percepção que os estudantes têm da história ensinada. E o pior: os primeiros a perceberem que a solução "tapa buracos" foi adotada são os próprios aprendizes, pois eles não conseguem identificar sentido naquilo tudo – e estão certos, pois não há mesmo sentido algum em utilizar uma variedade de linguagens em sala de aula se o planejamento, com encaminhamentos e objetivos bem definidos, for inexistente.

Com frequência, filmes são exibidos na íntegra para alunos dos anos finais do ensino fundamental, muitas vezes, sem que os docentes tenham assistido à produção – em alguns casos, sequer a classificação indicativa por faixa etária é respeitada.

Para ilustrarmos os problemas que o uso de linguagens sem planejamento pode acarretar, relataremos a seguir o caso de um colega docente.

> **Preste atenção!**
>
> Um colega de ofício afirmava não conseguir dar conta do conteúdo, pois não havia tempo suficiente para suas aulas. Quando investigamos o caso, constatamos que aquele colega seguira as sugestões do livro didático e apresentara um filme para os estudantes, a fim de trabalhar o contexto histórico da Roma Imperial. Entretanto, o filme sugerido tinha duração de mais de três horas, o que demandou acordos e ajustes com os demais professores, de modo que os aprendizes pudessem assistir ao filme na íntegra.
>
> O presente relato, por si só, já evidencia o cuidado que é preciso ter ao se utilizarem linguagens em sala de aula. Nesse caso, o filme foi exibido sem uma apresentação adequada e, após sua exibição, não houve qualquer tipo de trabalho, como a proposição de questionamentos para saber qual foi a impressão dos estudantes, quais foram suas opiniões e qual foi o aprendizado obtido.

Obras de arte são apresentadas sem a devida contextualização, a começar por sua descrição técnica: como analisar uma obra de arte sem saber o criador, o ano de produção, a técnica empregada, a dimensão e o local onde ela está depositada? As informações técnicas de uma obra de arte são o ponto de partida para uma análise mais apurada. Além disso, é necessário pesquisar sobre o autor e o contexto de produção da referida obra. Certa vez, em uma visita a uma escola, por mera curiosidade profissional, questionamos alguns alunos que estavam trabalhando com a temática da independência brasileira em relação à obra *Independência ou morte*, de Pedro Américo. Nossas perguntas eram, de certa forma, muito básicas: Sabe quem pintou esse quadro? Sabe em que ano o quadro foi pintado? Sabe o tamanho do quadro? A maioria dos estudantes questionados não sabia responder a nenhuma das três perguntas; uma minoria sabia informar o artista e o ano da obra; e ninguém tinha ideia da dimensão da obra.

O uso de músicas, por sua vez, é mais limitado do que o de filmes e obras de arte, visto que o registro musical como uma linguagem entendida como fonte histórica é bem menos explorado. A justificativa mais comum é a da incompatibilidade entre as músicas que têm potencial para serem usadas nas aulas de História e o gosto musical dos alunos: "eles não conhecem esse tipo de música", "não vão gostar desse estilo", "é muito diferente das músicas que eles ouvem". Ao aceitarem tais argumentos como fundamento para não utilizar músicas em sala de aula, os professores privam os estudantes da oportunidade de conhecer uma manifestação artística diferente daquelas a que estão acostumados.

As fotografias também não costumam ser exploradas nas aulas de História. Os registros fotográficos datam da segunda metade do século XIX e há um vasto arquivo documental disponível para uso em sala de aula. Aliás, os próprios livros didáticos trazem uma grande quantidade de fotografias relacionadas às temáticas históricas dos séculos XIX, XX e XXI, embora a maior parte dessas fotografias apareça apenas como recurso ilustrativo, raramente sendo exploradas no que diz respeito à técnica, ao fotógrafo em questão, às intenções e às causas que o levaram a tirá-las. O caráter predominantemente ilustrativo das fotografias nas aulas de História resultou na banalização desses recursos, que não recebem dos estudantes mais do que um olhar trivializado, sem investigação, sem questionamentos, sem posicionamento crítico.

Geralmente, nas aulas de História, a arquitetura é quase que menosprezada, o patrimônio cultural é um grande desconhecido, os mapas dificilmente recebem a atenção merecida, e os quadrinhos acabam limitados aos constantes nos livros didáticos. São tantas as possibilidades que estão à disposição dos docentes de História, que é praticamente um sacrilégio essas linguagens não serem exploradas devidamente em sala de aula.

Por isso, nos próximos capítulos, apresentaremos algumas possibilidades e sugestões de como explorar a arquitetura, os livros, as obras de arte, a fotografia, o cinema, a cartografia e os mapas, os quadrinhos e o patrimônio cultural nas aulas de História. Apesar de a denominação acabar rotulando as linguagens anteriormente listadas, é importante registrar que consideramos todas elas legítimos exemplares de arte e tecnologia, simultaneamente, e que, se assim procedemos nessa etiquetagem e compartimentação, foi apenas para que o presente texto seja mais didático e prático.

Assim, pretendemos que as múltiplas linguagens entendidas como fontes históricas possam ser exploradas com mais frequência e qualidade e que os aprendizes possam se deparar com novidades e sensibilizar-se com a arte e a tecnologia levadas para a sala de aula, aprimorando seus gostos e seu senso crítico. Afinal, "Quanto maior for a nossa sensibilidade para as harmonias, mais delas desfrutaremos, e isso, feitas as contas, é o que importa. O antigo adágio de que gosto não se discute pode até ser verdadeiro, mas não deve esconder o fato de que o gosto é suscetível de desenvolvimento" (Gombrich, 2008, p. 36).

(1.5)
SEQUÊNCIAS DIDÁTICAS
PARA AS AULAS DE HISTÓRIA

Possibilitar uma aprendizagem significativa aos estudantes requer mais do que vontade e interesse: exige também determinação, esforço e muito, mas muito, trabalho. É impensável planejar uma sequência didática sem ir além daquilo que se costuma fazer. Por isso, organizar uma sequência didática requer disposição para sair da zona de conforto. Exige, também, reflexão para adaptar práticas enraizadas no próprio *métier* às demandas que se impõem no atual contexto sociocultural. Essa adaptação é fundamental para que os alunos identifiquem as aulas como espaço para a construção do conhecimento histórico e para o desenvolvimento de competências e habilidades necessárias à compreensão não só da história, mas do mundo em que eles estão inseridos.

A sequência didática é o planejamento de aula que leva em consideração alguns aspectos relevantes para que os estudantes possam "estabelecer tantos vínculos essenciais e não arbitrários entre os novos conteúdos e os conhecimentos prévios quanto permita a situação" (Zabala, 1998, p. 38). Como planejamento, a sequência didática deve apresentar "as intenções, as previsões, as expectativas e a avaliação dos resultados" dos processos educacionais (Zabala, 1998, p. 38). Quando bem elaborada, possibilita a previsão das potenciais ocorrências em sala de aula, bem como a intervenção pedagógica por parte do docente.

Quando é possível prever eventuais ocorrências em sala de aula, o domínio de uma sequência didática bem elaborada viabiliza as condições necessárias para que, na urgência, os processos planejados possam ser revistos. Previsão e revisão são, portanto, parte integrante da atividade docente bem planejada, capaz de adequar procedimentos e intervenções de acordo com as dinâmicas de cada sala de aula. O planejamento da sequência didática pode ser compreendido quando comparado à imagem de um tripé, no qual as atividades que serão desenvolvidas em sala de aula estão alicerçadas. Os três pontos de apoio desse tripé são, nesta ordem: **O que ensinar? Para que ensinar? Como ensinar?**

> Um dos equívocos mais comuns é que, por via de regra, os planejamentos são iniciados pelo terceiro ponto de apoio, sem que sejam considerados, inicialmente, o que será ensinado e sua significância e funcionalidade. Antes de pensar em **como ensinar**, é preciso saber, de maneira extremamente explícita, **o que ensinar** e **para que ensinar**. Estando claro o que será ensinado e com que finalidade, a elaboração da sequência didática deve focar no **como**. Essa etapa contemplará outros aspectos relevantes, como o planejamento das atividades que serão executadas. A diversidade das atividades deve atender a propósitos específicos e gerais, visando possibilitar uma aprendizagem significativa.

Dessa forma, as atividades, na medida do possível, devem explorar determinados conteúdos de maneira equilibrada. Esses conteúdos, segundo Zabala (1998, p. 30), podem ser compreendidos de três formas: "os conteúdos conceituais, os conteúdos procedimentais e os conteúdos atitudinais". Tal diferenciação origina-se do fato de que, normalmente, o termo *conteúdo* expressa os conhecimentos das matérias ou disciplinas clássicas. Por isso, o autor adverte: "Devemos nos desprender desta leitura restrita do termo 'conteúdo' e entendê-lo como tudo quanto se tem que aprender para alcançar determinados objetivos que não apenas abrangem as capacidades cognitivas, como também incluem as demais capacidades" (Zabala, 1998, p. 30).

Uma leitura mais ampla do termo *conteúdo* implica que se organizem atividades para a sequência didática de modo a promover aprendizagens diferenciadas. Nas palavras de Zabala (1998, p. 30), "também serão conteúdos de aprendizagem todos aqueles que possibilitem o desenvolvimento das capacidades motoras, afetivas, de relação interpessoal e de inserção social". Para isso, conhecer tais conteúdos é o ponto de partida para a organização de uma sequência didática bem equilibrada (considerando-se que o equilíbrio é o ideal). Porém, não se trata aqui de uma compartimentação de conteúdos, já que, na prática, eles nunca se encontram "de modo separado nas estruturas de conhecimento" (Zabala, 1998, p. 39). A apresentação separada objetiva ajudar a compreender os processos cognitivos e condutuais. Zabala destaca que, "Em sentido estrito, os fatos, conceitos, técnicas, valores etc., não existem" (Zabala, 1998, p. 39), mas eles podem ser identificados separadamente, apesar de, nas sequências didáticas, aparecerem (quase) sempre de maneira integrada.

Simplificadamente, podemos afirmar que **conteúdos conceituais** são aqueles que os estudantes devem saber; **conteúdos procedimentais** são aqueles que os ajudarão a saber fazer; e **conteúdos atitudinais** favorecem o saber ser. Em suma, essa tríade de conteúdos, quando apresentada por meio de atividades bem planejadas, potencializa a construção do conhecimento histórico; o desenvolvimento de competências e das habilidades de colocá-las em prática; e a apropriação dos requisitos elementares para a sociabilização humana.

No planejamento da sequência didática, é preciso, portanto, atentar para a relevância de, ao menos, oito aspectos, de acordo com Zabala (1998):

1. os conhecimentos prévios dos estudantes;
2. a significância e a funcionalidade dos novos conteúdos que serão trabalhados;

3. a conformidade das atividades propostas com o nível de desenvolvimento de cada estudante;
4. a criação de situações que promovam o surgimento de zonas de desenvolvimento proximal;
5. o estímulo por meio de atividades que provoquem conflito cognitivo e atividade mental;
6. a promoção de uma atitude favorável e motivadora do aprendizado;
7. o estímulo à autoestima e ao autoconceito;
8. o desenvolvimento de habilidades relacionadas ao aprender a aprender.

A sequência didática, ao contemplar esses oito aspectos, tem grande chance de se apresentar como um planejamento de aula que propõe atividades que abarcarão tanto os conteúdos conceituais quanto os procedimentais e atitudinais. Planejar a sequência didática exige, portanto, pensar em estratégias diferenciadas, de modo a permitir a verificação dos conhecimentos prévios dos aprendizes. Porém, não se trata apenas de identificar o que já é sabido, mas de averiguar aquilo que se sabe em relação ao que se deseja que os estudantes venham a conhecer.

Outra exigência é a criação de atividades em que os novos conteúdos possam ser percebidos pelos alunos como significativos e funcionais. Atividades com esse objetivo só poderão ser bem elaboradas se o docente souber qual é o segundo ponto de apoio do tripé de planejamento de aula: Para que ensinar?

As atividades elaboradas só terão eficácia se estiverem de acordo com o nível de desenvolvimento dos aprendizes. Isso significa que os recursos que serão trabalhados, bem como o próprio encaminhamento das atividades, precisam ser condizentes com as capacidades prévias dos estudantes. Ao mesmo tempo, é importante que tais atividades estabeleçam desafios alcançáveis para os alunos, de forma a permitir a criação de zonas de desenvolvimento proximal. Em outras palavras, as atividades devem ser elaboradas considerando-se as competências e habilidades prévias dos aprendizes, a fim de permitir que eles possam avançar com a intervenção devida.

Outro aspecto importante é a criação de situações que despertem o conflito cognitivo e a atividade mental, para que os estudantes possam, por si próprios, estabelecer as conexões necessárias entre o que precisam aprender (conhecimento potencial) e aquilo que já sabem (conhecimento prévio). Ao estabelecer essas conexões, a atitude favorável é promovida com maior facilidade, pois as chances de que a curiosidade e o interesse tenham sido despertados são maiores. Na prática, a atitude favorável funciona como um grande motivador, estimulando os alunos a querer saber mais. Consequentemente, se os aprendizes querem saber mais e conseguem perceber que aprenderam a identificar as conexões entre o conhecimento potencial e o conhecimento prévio, a autoestima e o autoconceito deles estão sendo estimulados.

Por fim, as atividades e estratégias desenvolvidas devem auxiliar os estudantes a adquirir habilidades relacionadas ao aprender a aprender, para que a aprendizagem possa ser cada vez mais independente. Em síntese, é preciso que os alunos tenham autonomia em suas aprendizagens.

Síntese

No presente capítulo, tratamos do papel da História nas aulas da educação básica, buscando relacionar a prática docente com as teorias que fundamentam as metodologias de trabalho empregadas. Procuramos ressaltar que o ensino de História nas escolas não deve ser entendido como alheio às práticas historiográficas particulares dos historiadores profissionais. Também demonstramos como as fontes históricas assumiram destaque nas aulas de História, sendo fundamentais para a construção e o desenvolvimento do conhecimento histórico dos estudantes.

Destacamos, ainda, que a arte e a tecnologia, consideradas em uma perspectiva bastante ampla, são um caminho a ser explorado nas aulas de História e, por fim, indicamos como é possível elaborar o planejamento das aulas mediante a produção de sequências didáticas.

Atividades de autoavaliação

1. Sobre o ensino de História na contemporaneidade, assinale a alternativa correta:
   a) Uma aula predominantemente expositiva atende melhor às demandas contemporâneas dos estudantes.
   b) Para que uma aula de História seja produtiva, os professores devem apenas selecionar textos historiográficos para análise dos estudantes.
   c) O uso de linguagens diversas entendidas como fontes históricas é uma alternativa às aulas meramente expositivas.
   d) Todos os professores devem ter em mente que o conteúdo de História se resume às informações presentes nos livros didáticos.

2. Analise as afirmações a seguir sobre as aulas de História:
   i) O livro didático deve ser o único recurso disponível aos professores e estudantes para o estudo da História.
   ii) A leitura de textos de autores e historiadores deve prevalecer sobre a leitura e interpretação de fontes históricas.

iii) Um livro didático deve oferecer ao estudante condições para contrapor as interpretações dadas às elaboradas por ele, permitindo-lhe que construa críticas historicamente fundamentadas.

iv) Livros didáticos, juntamente com fontes históricas diversas e o planejamento de atividades, complementam-se para uma aula de História significativa para os estudantes.

Agora, assinale a alternativa correta:

a) Apenas a afirmação I é correta.
b) As afirmações I e II são corretas.
c) As afirmações I, III e IV são corretas.
d) As afirmações III e IV são corretas.

3. A respeito das fontes históricas nas aulas de História, é correto afirmar:

a) São a matéria-prima dos historiadores, não de professores ou estudantes de História.
b) Todo vestígio do passado pode ser analisado como fonte histórica, desde que a análise se baseie em uma metodologia historicamente plausível.
c) Para as aulas de História, fontes como documentos audiovisuais devem ser desconsideradas em função das tecnologias necessárias para o acesso a elas.
d) Deve-se usar apenas fontes históricas reconhecidas pelos historiadores renomados.

4. Analise as afirmações a seguir a respeito do uso de linguagens nas aulas de História:

i) O uso indiscriminado dos termos *linguagem* e *novas linguagens* aplicados às práticas de ensino de História revela mais um desejo de rompimento com um modelo de aulas do que a ausência de fundamentação para um trabalho diferenciado em sala de aula.

ii) Arquitetura, escultura, pintura, fotografia, cinema, música, cartografia e quadrinhos são tipos de linguagens que, quando entendidas como fontes históricas, oferecem possibilidades alternativas às aulas de exposição didática oral.

iii) A preocupação com as relações entre história e linguagens foi catalisada, em parte, pela presença crescente dos meios de comunicação no cotidiano das pessoas, o que levou o rádio, o cinema e a televisão para dentro das salas de aula.

iv) O uso de linguagens diversas nas aulas de História é, também, um reflexo da recente produção historiográfica, que se constitui em um mecanismo de ilustração empregado nas aulas para torná-las mais leves e agradáveis.

Agora, assinale a alternativa correta:

a) Apenas as afirmações I e II são corretas.
b) Apenas as afirmações I e III são corretas.
c) Apenas as afirmações I, III e IV são corretas.
d) Apenas as afirmações I, II e III são corretas.

5. Sobre sequências didáticas para as aulas de História, assinale a alternativa correta:
   a) O conhecimento prévio dos estudantes é menos importante do que os novos conteúdos de aprendizado previstos para uma aula de História.
   b) É importante planejar uma sequência didática para as aulas de História considerando-se a possibilidade de os estudantes se tornarem autônomos em suas aprendizagens.
   c) Uma aula de História pensada como sequência didática não tem a necessidade de ser motivadora com relação à construção de novos conhecimentos.
   d) Uma sequência didática deve ser planejada considerando-se o conjunto dos estudantes, não as especificidades e particularidades de cada um deles.

Atividades de aprendizagem

Questões para reflexão

1. Elabore um quadro comparativo entre as aulas de História a que você assistiu como estudante na educação básica e as aulas de História que você planejaria/executaria como docente de História. Procure estabelecer relações entre os aspectos discutidos neste capítulo, como o tipo da aula, o tipo de conhecimento trabalhado, o uso de linguagens diversas entendidas como fontes históricas e a existência explícita de planejamento.

Exemplo:

Aulas de História	Eu estudante	Eu professora/professor
Como eram/seriam as aulas?	Predominantemente expositivas.	Procuraria intercalar a exposição oral (30%) com o protagonismo dos estudantes (70%).
Que tipo de conhecimento era/seria privilegiado?	Assimilação de informações: memorização e repetição.	Privilegiaria o domínio dos fundamentos e conceitos históricos, valorizando as interpretações dos estudantes.
Como era/seria o uso de linguagens?	Raramente havia o uso de linguagens e, quando havia, eram mais ilustrativas do que entendidas como fontes históricas.	Levaria para a sala de aula todo tipo de linguagens: mapas; fotografias; livros; discos e músicas; roupas e objetos; pessoas e seus depoimentos etc.
Havia/haveria algum planejamento? Como ele era/seria?	O planejamento era baseado nos conteúdos/nas informações a serem trabalhadas. Por via de regra, era engessado e inflexível.	O planejamento seria flexível e eu procuraria adequá-lo aos perfis de cada estudante. O planejamento seria baseado na construção do conhecimento histórico dos estudantes, não apenas nos conteúdos/informações.

2. Reflita sobre como são as aulas de História em cada etapa da educação básica, considerando os anos iniciais e os anos finais do ensino fundamental e o ensino médio. Para orientar a reflexão, procure mensurar a maneira como são organizadas as aulas em cada uma das etapas, tendo como parâmetros a tipologia dos conteúdos de Zabala: conceituais, procedimentais e atitudinais.

Exemplo:

Conteúdos/ etapas	Ensino fundamental – anos iniciais	Ensino fundamental – anos finais	Ensino médio
Conceituais	20%	50%	90%
Procedimentais	40%	25%	10%
Atitudinais	40%	25%	0%

Atividade aplicada: prática

1. Elabore um planejamento de sequência didática para aulas de História seguindo as sugestões apresentadas neste capítulo e depois, se possível, coloque-o em prática. Considere como questões estruturais de seu planejamento: **O que ensinar? Para que ensinar? Como ensinar?**

CAPÍTULO 2
Livros nas aulas de História

Neste capítulo, abordaremos o livro como linguagem a ser entendida como fonte histórica, indicando possibilidades de sua exploração nas aulas de História. Inicialmente, relacionaremos o livro com as práticas de leitura, buscando explicitar a importância de observar esse aspecto nas aulas. Os livros podem ser bastante distintos e, por isso, trataremos de algumas variações por meio de um tema específico: a história da alimentação. Consideraremos também os quadrinhos, entendidos como linguagem autônoma e que permite múltiplas abordagens nas aulas de História, como no trabalho com a memória e na condição de fonte histórica.

(2.1)
Livros e leitura

Os livros como os conhecemos atualmente são resultado de um processo de aperfeiçoamento técnico e tecnológico que se disseminou pelo mundo a partir de meados do século XV, com a impressão de tipos móveis. A partir do século XVI, esse tipo de impressão se espalhou pelo Ocidente, notadamente na Europa. Embora o mundo oriental já usufruísse da tecnologia de impressão mil anos antes, foi pela expansão das máquinas de impressão na Europa que o impacto da produção e da circulação de livros se tornou mais significativo. Calcula-se que, no início do século XVI, quase três centenas de locais na Europa contavam com prensas de tipos móveis, tendo produzido "cerca de 27 mil edições até o ano de 1500, o que significa que – estimando-se uma média de quinhentas cópias por edição – cerca de 13 milhões de livros estavam circulando naquela data em uma Europa com 100 milhões de habitantes" (Briggs; Burke, 2004, p. 26).

Os livros impressos de todas as gráficas do início do século XVI, ainda que revolucionários para a época, provavelmente não afetaram tanto a vida cotidiana da população, como seria de se esperar de uma revolução[1]. Apesar disso, alguns teóricos afirmam que esse foi apenas um processo revolucionário mais lento, ou, nas palavras de Briggs e Burke (2004), uma longa revolução.

Chartier (1998) ressalta que, a despeito das transformações ocorridas na produção dos livros, as mesmas estruturas fundamentais foram mantidas: a composição por folhas dobradas, que resultou no formato dos livros; a sucessão e montagem dos cadernos, suas respectivas costuras e posterior encadernação; elementos específicos, como paginação, numeração, índices e sumários. As principais mudanças, portanto, são aquelas que opõem a reprodução mecânica à reprodução manual de livros:

> Em meados da década de 1450, só era possível reproduzir um texto copiando-o à mão, e de repente uma nova técnica, baseada nos tipos móveis e na prensa, transfigurou a relação com a cultura escrita. O custo do livro diminui, através da distribuição das despesas pela totalidade da tiragem, muito modesta, aliás, entre mil e mil e quinhentos exemplares. Analogamente, o tempo de reprodução do texto é reduzido graças ao trabalho da oficina tipográfica. (Chartier, 1998, p. 7)

Então, é adequado considerar que, embora os processos relacionados ao aparecimento dos livros impressos tenham sido revolucionários, essa revolução pode ter durado da Bíblia de Gutenberg (finalizada por volta de 1455) à Enciclopédia de Diderot (cujos últimos volumes foram publicados em 1772).

Também é preciso observar que, durante todo esse tempo, além dos livros, os agentes a eles vinculados são igualmente merecedores

---

[1] Aqui, empregamos o termo revolução *no sentido usual da contemporaneidade, ou seja, de uma grande transformação ocorrida, muitas vezes, de maneira repentina.*

de atenção, pois não haveria revolução dos livros sem o protagonismo de escritores, editores, impressores, livreiros e, obviamente, leitores. Por isso, é fundamental refletir sobre os leitores e os hábitos de leitura que surgiram com o advento do livro impresso, pois são os leitores que atribuem significados distintos ao que é concebido pelos autores e pelos editores. O exercício da leitura é, portanto, um exercício de apropriação, de invenção, uma viagem repleta de produção de significados:

> Toda história da leitura supõe, em seu princípio, esta liberdade do leitor que desloca e subverte aquilo que o livro lhe pretende impor. Mas esta liberdade leitora não é jamais absoluta. Ela é cercada por limitações derivadas das capacidades, convenções e hábitos que caracterizam, em suas diferenças, as práticas de leitura. Os gestos mudam segundo os tempos e lugares, os objetos lidos e as razões de ler. Novas atitudes são inventadas, outras se extinguem. Do rolo antigo ao códex medieval, do livro impresso ao texto eletrônico, várias rupturas maiores dividem a longa história das maneiras de ler. Elas colocam em jogo a relação entre o corpo e o livro, os possíveis usos da escrita e as categorias intelectuais que asseguram sua compreensão. (Chartier, 1998, p. 77)

A experiência da leitura é, assim, imprescindível quando consideramos os livros como linguagem entendida como fonte histórica. Exemplos não faltam. Podemos citar o caso das confissões de Menocchio, um moleiro de Friuli perseguido pela Inquisição. As leituras de Menocchio eram, de fato, um exercício de apropriação, tomado por invenções, uma viagem repleta de produção de significados inteiramente novos, como revela a investigação empreendida por Ginzburg (1987, p. 116):

Vimos, portanto, como Menocchio lia seus livros: destacava, chegando a deformar, palavras e frases; justapunha passagens diversas, fazendo explodir analogias fulminantes. [...] Menocchio triturava e reelaborava suas leituras, indo muito além de qualquer modelo preestabelecido. Suas afirmações mais desconcertantes nasciam do contato com textos inócuos, como As viagens, *de Mandeville, ou a* Historia del Giudicio. *Não o livro em si, mas o encontro da página escrita com a cultura oral é que formava, na cabeça de Menocchio, uma mistura explosiva.*

A reelaboração das leituras de Menocchio, com as atribuições de novos significados, evidencia a liberdade leitora defendida por Chartier, que não é jamais absoluta. Compreender as limitações da liberdade leitora implica levar em conta todas as variantes relacionadas não só aos hábitos de leitura e aos processos intrínsecos à produção dos livros impressos, mas a todos os fatores que porventura afetem os agentes envolvidos, isto é, o próprio contexto histórico em seus múltiplos aspectos. De acordo com Chartier (1998, p. 77), os "gestos mudam segundo os tempos e lugares, os objetos lidos e as razões de ler". Ginzburg considerou essa afirmação quando investigou o cotidiano e as ideias do moleiro perseguido pela Inquisição. Para Ginzburg, Menocchio não era uma aberração, mas um produto de sua época, influenciado por, pelo menos, dois grandes eventos históricos:

a invenção da imprensa e a Reforma. A imprensa lhe permitiu confrontar os livros com a tradição oral em que havia crescido e lhe forneceu as palavras para organizar o amontoado de ideias e fantasias que nele conviviam. A Reforma lhe deu audácia para comunicar o que pensava ao padre do vilarejo, conterrâneos, inquisidores – mesmo não tendo conseguido dizer tudo diante do papa, dos cardeais e dos príncipes, como queria.
(Ginzburg, 1987, p. 33)

Os livros e as leituras dos livros oferecem, portanto, informações que podem ser lidas, interpretadas, explicadas e investidas de sentidos, isto é, é possível criticar as análises relacionadas às histórias dos livros e da leitura. Livros e hábitos de leitura dos últimos cinco séculos revelam muito sobre as sociedades e suas crenças, em lugares e tempos distintos. Tomemos como exemplo a Bíblia, primeira obra impressa: como livro, era tida como objeto de reverência particular, funcionando, segundo as crenças, de maneira medicinal quando colocada sob o travesseiro de um doente.

A leitura privada, nos primeiros séculos após o advento da prensa de tipos móveis, não era vista com bons olhos, principalmente se praticada pelas mulheres, pois acreditava-se que era uma atividade perigosa. Apesar dos posicionamentos contrários de muitos homens com relação à prática da leitura pelas mulheres, é fato que várias aprenderam a ler e a escrever a partir de 1500, não se limitando à leitura da Bíblia ou de livros religiosos, como prescreviam alguns pais ou maridos receosos dos efeitos que outras leituras pudessem causar. Outras mulheres ingressaram na produção de livros, como autoras, usando pseudônimos masculinos a fim de garantir discrição e preservar sua intimidade.

Esses exemplos ilustram os cuidados que é necessário ter quando se considera o trabalho com livros como linguagem entendida como fonte histórica nas aulas de História. Isso significa que não basta abordar o livro ou o autor, é preciso estabelecer relação com o contexto de produção da obra em questão, bem como com as variadas possibilidades de leitura empreendidas pelos também variados tipos de leitores. Além disso, assim como há práticas de leitura, também existem censuras e repressões, tanto ao ato de ler como a algumas

> Livros e hábitos de leitura dos últimos cinco séculos revelam muito sobre as sociedades e suas crenças, em lugares e tempos distintos.

Norton Frehse Nicolazzi Junior

obras específicas. O *Índex dos Livros Proibidos*, organizado pela Igreja Católica, é um exemplo de "anticatálogo" de livros impressos cuja leitura era proibida aos fiéis (Briggs; Burke, 2004).

Uma das obras que figuraram no *Índex* foi *O príncipe*, de Maquiavel (2010), obra que tem lugar cativo nas aulas de História que contemplam temáticas como o Renascimento e a formação dos Estados nacionais modernos. Nesse contexto, algumas ideias a respeito de Maquiavel e de sua obra costumam ser apresentadas, principalmente, em referência ao surgimento do pensamento político moderno. No entanto, propiciar a apreensão da obra de Maquiavel, mesmo que em fragmentos, demanda muito mais do que a mera exposição realizada pelos docentes. É preciso indicar as principais informações da obra para, acionando-se conhecimentos prévios, localizá-las em seu contexto e em relação a seu autor. Essas informações auxiliam na identificação das funções e objetivos pretendidos, na explicação da obra e, por fim, na identificação dos limites e do interesse da obra como fonte histórica – isto é, na elaboração de uma crítica com argumentos historicamente inteligíveis e plausíveis. Somente assim é possível que os estudantes interpretem a obra à luz de seu contexto original e de seu autor; caso contrário, é provável que a atribuição de significados (a explicação histórica de cada estudante) com base na interpretação dos alunos incorra em anacronismo.

Esse erro, tão comum entre os aprendizes de História mais afoitos, decorre, em parte, da ausência de um trabalho mais meticuloso com as linguagens analisadas como fontes históricas – isso quando há algum trabalho nesse sentido. Para exemplificarmos essa percepção do trabalho com livros – que nem sempre resulta proveitoso como construção e desenvolvimento do conhecimento histórico –, apresentamos o seguinte trecho:

> O tirano aterroriza os súditos. Com maleficência, espreita o mundo através do seu palácio solidamente fortificado; domina toda a vida à sua volta, tão sensível à presa ou aos predadores que se avizinham quanto a aranha delicadamente equilibrada no centro da teia. Apodera-se do crédito das realizações de homens mais nobres, que gastam a própria subsistência em projetos cívicos, como grandes igrejas e outras belas edificações. Entretém embaixadores de potências estrangeiras à sua mesa e toma decisões que afetam o bem-estar de todos os súditos, consultando apenas os seus favoritos. (Grafton, 2010, p. 23)

Nessa passagem, o autor sugere que essa "descrição do príncipe – solitário, vicioso, implacavelmente cruel com os que se interpõem em seu caminho – parece à primeira vista uma página perdida de *O Príncipe*" (Grafton, 2010, p. 23). No entanto, essas não são palavras de Maquiavel, e sim de Girolamo Savonarola – que governou Florença quando Maquiavel iniciava sua vida adulta –, presentes no *Tratado sobre o governo da cidade de Florença*. Grafton utiliza as palavras de Savonarola para indicar que a leitura de *O príncipe* sem o devido conhecimento de seu contexto pode revelar um "manual abstrato cujos princípios se aplicam quase tão bem a um conglomerado moderno quanto a um Estado renascentista" (Grafton, 2010, p. 24-25). De acordo com Cardoso (2010, p. 11), Grafton "mostra com abundância de argumentos que Maquiavel escreveu seu tratado muito menos como um filósofo – alguém que busca as regras universais de comportamento, explicações abrangentes e 'verdadeiras' – do que como um ser humano imerso nas lutas e na cultura política de seu tempo".

Interpretações equivocadas ou incompletas da obra podem levar o estudante incauto a considerar, em decorrência de uma leitura apressada ou fragmentada, que as orientações propostas por Maquiavel em *O príncipe* caracterizam o autor como maquiavélico. Entretanto, o contrário é tão ou mais provável, pois, em uma interpretação viável e contextualizada, é possível afirmar que o maquiavelismo é anterior a Maquiavel, não sendo o autor o fundador da doutrina que lhe é atribuída, visto que essa característica é inerente ao coração humano (Joly, 2009). Em outras palavras, tratar um livro com os cuidados que tal linguagem como fonte histórica requer é fundamental para que os resultados desse trabalho sejam significativos e interessantes para os estudantes, de modo que eles consigam, por si sós, interpretar e atribuir os próprios significados ao livro/fonte histórica.

(2.2)
História da alimentação

A história da alimentação é outro caminho seguro para as aulas de História. Considerando-se, inicialmente, a linguagem dos livros como fontes históricas, é possível ir além e explorar livros que tratam da alimentação de maneira geral, a fim de elaborar análises diferenciadas em função das características de cada livro escolhido[2]. É importante salientar, desde já, que utilizaremos nesta seção diversos livros como

---

2   *Na presente obra, sugerimos alguns livros como fontes de trabalho para as aulas de História. Alertamos que é preciso observar que alguns dos livros sugeridos e comentados são fontes históricas no sentido estrito do termo, enquanto outros, apesar de também serem denominados* fontes, *não se caracterizam, de fato, como fontes históricas. Em ambos os casos, no entanto, os livros são uma fonte de trabalho para o docente de História explorar com os estudantes da educação básica. Solicitamos especial atenção às obras indicadas, pois apresentamos diversos tipos de livros que abordam assuntos e/ ou temas em comum – a etiqueta à mesa, por exemplo. Ao docente cabe saber distinguir as fontes primárias das secundárias, bem como diferenciar informações historicamente plausíveis de meros relatos, já que tal domínio conceitual favorece a elaboração do planejamento das sequências didáticas.*

fontes históricas, como livros de receitas, guias, compêndios, *best--sellers*, livros de história escritos por historiadores e livros de história escritos por não historiadores.

Entre os livros escolhidos, há um que trata da história da gastronomia; outro que se constitui em uma história ilustrada da culinária, dos costumes e da fartura à mesa; um livro de crônicas sobre a história da comida no mundo; um livro que se apresenta como uma história comestível da humanidade; um livro que propõe uma história do mundo em 6 copos; um guia de bares e botequins; e um livro de receitas de comidas de botequim. São livros muito diferentes entre si com relação aos formatos, aos autores e a suas propostas e objetivos. Porém, são todos livros que podem figurar nas aulas de História.

Ariovaldo Franco (2001), em *De caçador a gourmet: uma história da gastronomia*, traça um panorama de alguns milênios de história da alimentação em ordem cronológica, desde os primeiros agrupamentos e civilizações até os fenômenos mais contemporâneos, como a internacionalização do alimento no século XX – que na obra é denominada *McDonaldização*. Não se trata de um trabalho historiográfico ao pé da letra, pois o autor não se debruça especificamente em fontes históricas primárias para elaborar sua história da gastronomia. Embora isso não reduza a importância da obra, se o objetivo for, por exemplo, ir a fundo na ideia de internacionalização alimentar a partir da fundação do McDonald's, talvez seja mais interessante debruçar-se sobre outro livro, mais precisamente a obra de Isleide Arruda Fontenelle (2002), *O nome da marca: McDonald's, fetichismo e cultura descartável*.

Com relação ao livro de Franco e às possibilidades que ele oferece, selecionamos um trecho do capítulo referente à Renascença, com grandes possibilidades de exploração em sala de aula.

Em toda a Europa, a colher era um instrumento muito importante à mesa, pois grande parte da comida era servida em pequenos pedaços ou sob a forma de ensopados.

Na Idade Média, como vimos, não havia distinção entre facas utilizadas para a caça, para trinchar e as que se usavam à mesa. Eram pontiagudas e serviam também para espetar os pedaços de carne escolhidos nas travessas. Só os nobres tinham facas especiais para cortar sua comida. Essas eram consideradas objetos de uso pessoal.

Mesmo no início da Renascença, os talheres eram frequentemente desenhados para serem levados no bolso, pois nem sempre os anfitriões dispunham de talheres para seus convidados. Somente no final do século XVII surgem faqueiros contendo colheres, facas e garfos. Mais tarde a aristocracia começaria a acumular talheres de estanho, prata e ouro. Contudo, até o século XVIII estojos de talheres individuais constituirão símbolo de distinção e presente muito apreciado. (Franco, 2001, p. 152-153)

Pela narrativa de Franco, não é possível saber a procedência das informações apresentadas, detalhe muito importante para os historiadores, que precisam conhecer as fontes trabalhadas a fim de avaliar a interpretação dada. Apesar disso, a apresentação do uso dos talheres dada pelo autor é interessante para as aulas de História. De todo modo, os docentes precisam estar atentos às informações fornecidas e procurar localizar as prováveis fontes que sustentam a narrativa do autor. Nesse caso, é possível relacionar o hábito da utilização dos talheres à mesa com investigações sociogenéticas e psicogenéticas apresentadas por Norbert Elias (1990) em *O processo civilizador*, obra na qual a descrição do uso dos talheres é baseada na análise de várias fontes, como os manuais de etiqueta.

Em *Banquete: uma história ilustrada da culinária, dos costumes e da fartura à mesa*, Roy Strong (2004) oferece uma infinidade de fontes primárias para sustentar sua narrativa, tornando-a mais verossímil – ao menos para outros historiadores. Tomemos como exemplo um trecho a respeito das boas maneiras de acordo com a etiqueta e do uso do garfo à mesa:

> *Tais mudanças são confirmadas pelo Nouveau traité de la civilité (1671), de Antoine de Courtin, que depois do livro de Erasmo é o mais influente guia de boas maneiras jamais escrito, tendo inúmeras edições. Nele aprendemos que no final do século XVII as abluções cerimoniais antes das refeições passaram a envolver apenas os principais convidados; cuspir já não era aceitável; os homens tiravam o chapéu quando se davam graças, quando serviam uma dama ou um superior lhes fazia um brinde. Os garfos passaram a ser considerados imprescindíveis: "Deve-se cortar a carne no prato e levá-la à boca com o garfo. Digo com o garfo porque é ... muito indecente tocar alguma coisa gordurosa, ou com molho, ou no xarope etc., com os dedos; além do mais, isso obriga-nos a cometer mais duas ou três indecências." Estas "indecências" incluíam limpar os dedos no guardanapo, deixando-o como uma "toalha de cozinha", no pão ou, pior ainda, lamber os dedos, "que é a maior das impropriedades". (Strong, 2004, p. 211)*

De modo relativo, é possível afirmar que a narrativa de Strong é explicitamente mais fundamentada do que a de Franco. Com isso, não pretendemos argumentar que na obra de Franco falta fundamentação, mas que o estilo narrativo escolhido, bem como sua natureza, impele para outra solução narrativa. Ambas são válidas para as aulas de História, mas demandam os necessários cuidados por parte do docente antes de ele apresentar os livros aos estudantes.

Em sua obra, Strong analisa as relações entre os banquetes e a estrutura da sociedade em tempos e lugares distintos, evidenciando como os ritos que envolvem a alimentação são representações que refletem tanto as relações de poder como a estratificação social.

Logo no início da obra, Strong investiga o banquete romano e, para isso, recorre a uma fonte primária, o livro *Satíricon*, de Petrônio, do qual reproduzimos a seguir um trecho:

> *Por fim, nos acomodamos à mesa. Enquanto uns escravos alexandrinos derramavam em nossas mãos água refrescada pela neve, outros, indo imediatamente aos nossos pés, tiravam os calos com imensa habilidade. Nem nessa tarefa tão desagradável eles se calavam; ao contrário, cantavam em coro. Eu quis verificar se todos os escravos cantavam e por isso pedi uma bebida. Um escravo muito bem preparado atendeu-me com um canto não menos estridente e, a qualquer um que algo fosse solicitado, era assim que ele servia. Parecia mais um coro de pantomimos do que o triclínio de um homem respeitável.*
>
> *No entanto, foi servida uma entrada verdadeiramente luxuosa, e todos já haviam se acomodado, menos o próprio Trimalquião, a quem se reservava o lugar de honra, segundo uma nova moda. Além do mais, no prato de entrada havia um burrico feito de bronze de Corinto, arreado com um alforje que, de um lado, tinha azeitonas verdes e, do outro, pretas. Por cima do burrico, arrematando, havia duas travessas em cuja borda estavam gravados o nome de Trimalquião e o peso da prata. Como pontes soldadas entre elas, pequenas armações sustentavam esquilos borrifados com mel e papoula. Arrumadas sobre uma grelha de prata havia salsichões fumegando; na parte de baixo da grelha, ameixas sírias com grãos de romã.* (Petrônio, 2008, p. 47)

O banquete de Trimalquião é descrito em detalhes por Strong, mas o retorno à fonte original é deveras enriquecedor para que o trabalho em sala de aula possa ser mais proveitoso. Os docentes não devem limitar-se a ler um livro e, considerando-o interessante, simplesmente levá-lo para a sala de aula. O ofício exige ir além: é preciso identificar as referências e buscar nelas mais informações, de modo a poder elaborar a própria interpretação, afinal, não é isso que se objetiva para os estudantes? Em outras palavras, o exemplo do banquete romano apresentado por Strong indica, nesse caso, que um livro leva a outro livro.

Em *A rainha que virou pizza: crônicas em torno da história da comida no mundo*, o jornalista J. A. Dias Lopes (2007) apresenta crônicas sobre a história da gastronomia publicadas no diário *O Estado de S. Paulo* e no periódico *Gula*, especializado em enogastronomia. Trata-se de outro livro que pode ser explorado nas aulas de História. A obra abrange vários cantos do mundo e diversos personagens históricos, os quais têm muitas informações para serem trabalhadas. Rei Midas, Cleópatra, Taillevent, Leonardo da Vinci, Carlos V, Henrique VIII, Madame de Pompadour, Brillat-Savarin, Bismarck, Santos Dumont, Marta Rocha, Elvis Presley e o Papa João Paulo II são alguns dos personagens contemplados no livro de Lopes, que transita por regiões como Magna Grécia, Pompeia, Catalunha, Rússia, Estados Unidos, Alemanha, França, Itália, Portugal e Brasil.

Aqui, o referido cuidado no uso de livros como linguagem entendida como fonte histórica é novamente válido. Trata-se de um livro de crônicas que, mesmo narrando a história da alimentação, não obedece a métodos de pesquisa histórica, ou seja, as informações não são apresentadas com o rigor que os historiadores comumente exigem. Entretanto, o estilo da narrativa empregada é bastante sedutor, principalmente se considerarmos seu uso com alunos dos anos finais do ensino fundamental e do ensino médio. Como exemplo, apresentamos um trecho da obra de Lopes (2007, p. 140-141):

> *O garfo aportou na Europa através da requintada corte de Veneza. Em meados do século 11, a princesa Teodora, filha de Constantino XI, imperador do Oriente, chegou de Constantinopla para casar com Domenico Silvio.*

> *O noivo era doge – primeiro magistrado supremo nas antigas repúblicas italianas – da rica e poderosa Veneza. Teodora assombrou a cidade com sua juventude, beleza e sofisticação. Mas o que mais impressionou a população foi o garfo de ouro com dois dentes, trazido no enxoval. Ela o usava para comer frutas cristalizadas sem melar as mãos. Houve quem considerasse aquilo demoníaco.*
>
> *São Boaventura (1221-1274), autor de obras teológicas e filosóficas que lhe valeram o título de Doutor Seráfico, qualificou o garfo de "castigo de Deus". Moralistas católicos acreditavam que seu par de dentes lembrava o "forcado", instrumento agrícola formado por uma haste e duas pontas, com o qual a iconografia clássica representa o diabo. Criticavam sua função. Asseguravam que o alimento, dádiva de Deus, devia ser levado à boca diretamente pelas mãos do homem. A princesa Teodora argumentava que o garfo era generalizado no Império do Oriente, tão cristão quanto Veneza, mas não obtinha sucesso. Anos depois, ela morreu de peste. Os moralistas interpretaram seu fim como um castigo divino.*

Nos exemplos aqui citados, essa é a terceira referência ao uso do garfo durante as refeições. A temática é muito semelhante e as informações relativas à utilização dos talheres, em especial o garfo, também são similares. Contudo, é evidente que cada autor opta por uma forma de apresentar as informações, algo decorrente de vários fatores que precisam ser considerados para que o trabalho com os referidos livros cumpra com o objetivo de favorecer a construção e o desenvolvimento do conhecimento histórico. Logo, as funções e as características de cada um dos livros precisam ser consideradas, assim como seus autores, suas formações e seus propósitos como escritores.

Nessa linha de livros escritos por não historiadores, há também as obras *Uma história comestível da humanidade* (2010) e *História do mundo em 6 copos* (2005), de Tom Standage. Os dois livros foram escritos para o público leitor em geral, não para historiadores. O estilo narrativo é fluido, leve e jornalístico, afinal, o autor é um jornalista que considera sua especialidade o uso de analogias históricas nas ciências, na tecnologia e na escrita de negócios.

Mais uma vez, o rigor historiográfico não é observado, fazendo com que a obra careça de referências às fontes consultadas. Ao conferirmos a bibliografia dessas obras, podemos perceber que o jornalista não se debruça em fontes históricas propriamente ditas, mas em livros de história que, de alguma forma, abordam os temas que lhe interessam. Assim, o que Standage faz não é exatamente a escrita de uma história, mas uma interpretação própria derivada de muitas leituras – em sua maioria, livros de história feitos por historiadores. O *modus operandi* não é exclusivo de Standage, embora seja bastante frequente no mercado editorial, pois atinge uma parcela de leitores muito superior à dos leitores habituais de livros historiográficos e de história feitos por historiadores.

Um exemplo semelhante desse tipo de livro é *1808: como uma rainha louca, um príncipe medroso e uma corte corrupta enganaram Napoleão e mudaram a história de Portugal e do Brasil*, do também jornalista Laurentino Gomes (2007). Extremamente instigante, sedutor e intrigante, o subtítulo da obra reúne as ideias de loucura, medo e corrupção, além da figura emblemática de Napoleão Bonaparte, recurso que pode ser considerado como habilmente concebido para atrair a atenção de toda sorte de leitores. O livro, lançado às vésperas do jubileu de 500 anos da chegada da corte portuguesa em terras brasileiras, tem todas as características de um *best-seller* – o que, de fato, a obra se tornou. Suas várias edições ultrapassaram a tiragem de 1 milhão de exemplares – nada mal para livros de história, não é mesmo? O sucesso foi tamanho que abriu portas para outras obras, de características semelhantes, como *1822* e *1889*, ambas contemplando outros eventos marcantes da história do Brasil. Não são livros de um historiador, mas de um escritor que se embasou em inúmeras leituras de livros de história, em sua maioria, escritos por historiadores. Assim como Standage, Gomes não escreve uma história, mas sua interpretação das histórias escritas por outros autores.

No caso de obras como as de Standage, reforçamos que elas podem ser utilizadas nas aulas de História, mas exigem dos professores cuidado com relação à verificação das informações e dos posicionamentos do autor. Apresentamos a seguir um trecho de *Uma história comestível da humanidade* como exemplo:

> Conta-se que, quando Maria Antonieta, a rainha da França, ouviu que os camponeses não tinham pão para comer, ela teria declarado: "Que comam brioches". Numa versão da história, ela disse isso quando os pobres famintos vociferavam nos portões de seu palácio; em outra, a rainha fez o comentário ao andar por Paris em sua carruagem e notar como as pessoas estavam desnutridas. Ou talvez tenha dito isso quando multidões iradas tomaram de assalto as padarias de Paris, em 1775, e quase causaram o adiamento da coroação de seu marido, Luís XVI. Na verdade, ela provavelmente nunca disse nada parecido. Esse é apenas um dos muitos mitos associados à famigerada rainha, que foi acusada de toda sorte de excessos e devassidão por seus adversários políticos no período em que se preparava a Revolução Francesa, em 1789. A frase sintetiza, no entanto, a percepção de que Maria Antonieta era alguém que dizia se preocupar com os pobres famintos, mas que era inteiramente incapaz de compreender suas aflições. Mesmo que nunca tenha defendido a substituição de pão por brioche, porém, ela endossou publicamente o uso de outro gênero alimentício como um meio de aplacar a fome dos pobres: a batata. Provavelmente, também não disse "que comam batatas", mas foi isso que ela e muitas outras pessoas pensaram. E não era uma ideia tão má assim.

No fim do século XVIII, esses tubérculos estavam sendo tardiamente aclamados como um alimento prodigioso do Novo Mundo. (Standage, 2010, p. 129-130)

Conforme é possível perceber nessa citação, a importância da batata é apresentada de maneira quase idílica, sugerindo um exagerado protagonismo do alimento. Standage se vale de citações de Adam Smith e Thomas Malthus para explicar como a batata foi importante para o desenvolvimento industrial europeu, mas menospreza a importância dos produtos originários do continente americano como responsáveis por novos hábitos e costumes na sociabilidade contemporânea. Nas aulas de História, é fundamental oferecer ao aprendiz condições para ele contrapor diversos pontos de vista. No caso do trecho reproduzido, a apresentação de outro texto funcionaria perfeitamente para evidenciar que a história nunca é una e finita, visto que podem existir diversas versões distintas e, às vezes, até conflitantes sobre um mesmo fato. Tomemos como exemplo dessa possibilidade de contrapor versões diferentes de um trecho de *O velho mundo e o novo: quinhentos anos de Colombo*, do historiador Eric Hobsbawm (1998, p. 411-414):

> Nas aulas de História, é fundamental oferecer ao aprendiz condições para ele contrapor diversos pontos de vista.

A contribuição mais importante das Américas ao Velho Mundo foi distribuir pelo globo uma cornucópia de produtos selvagens e cultivados, especialmente plantas, sem as quais o mundo moderno tal como o conhecemos não seria concebível. Pode-se argumentar que isso não tem nada a ver com cultura. Mas o que cultivamos e comemos, sobretudo quando há um novo tipo de víveres desconhecido em nosso cotidiano, ou mesmo uma forma completamente nova de consumo, deve influenciar, pode até transformar, não só o nosso consumo, mas o modo como vivenciamos outros assuntos. Considerem-se apenas os víveres básicos. Quatro dos sete produtos agrícolas mais importantes no mundo de hoje são de origem americana: a batata, o milho, a mandioca e a batata-doce. (Os outros três são o trigo, a cevada e o arroz).

[...] estamos falando de produtos do Novo Mundo que eram desconhecidos e impossíveis de se conhecer antes da conquista das Américas, mas que transformaram o Velho Mundo de maneira imprevisível e profunda, e que continua ainda hoje. A esse respeito, posso acrescentar que o Velho Mundo deve mais ao Novo do que as Américas devem à Europa.

[...]

Mas outras consequências diretas da conquista e da colonização das Américas ainda estão conosco. Não pertencem a homens famosos nem a governos. Mas transformaram o tecido da vida europeia para sempre. E também a de outros continentes. Quando a história econômica, social e cultural do mundo moderno for escrita em termos realistas, a conquista do Sul da Europa feita pelo milho, do Norte e Leste da Europa pela batata, e das duas regiões pelo tabaco, e mais recentemente pela Coca-Cola, parecerá mais proeminente do que o ouro e a prata em nome dos quais as Américas foram subjugadas.

Ao se contrapor Standage a Hobsbawm, é possível proporcionar aos estudantes a possibilidade de analisar versões distintas de uma história, resultado de análises baseadas em perspectivas diferentes e com funções e objetivos também diversos. Diante das versões apresentadas, o estudante deve ser capaz de, por si mesmo, elaborar a própria interpretação.

Em conformidade com a perspectiva defendida aqui, devemos mencionar ainda os livros de receita e guias culinários como possibilidade de fonte de pesquisa histórica. Dois exemplos desse tipo de texto são as obras *Comidas de Botequim* e a quinta edição do guia *Rio Botequim: 50 bares e restaurantes com a alma carioca*. O primeiro, escrito por Ana Judith de Carvalho (1981), é um livro de receitas que compreende 175 sugestões de pratos (minutas e longo cozimento), acompanhamentos, tira-gostos, sobremesas e aperitivos. Já o segundo é um guia com 50 indicações de bares no Rio de Janeiro, com detalhes arquitetônicos e históricos, dicas e críticas sobre a cozinha, a bebida e a atmosfera de cada bar. É importante salientar que *botequim* é, de acordo com o *Dicionário Houaiss*, um "estabelecimento comercial popular onde servem bebidas, lanches, tira-gostos e, eventualmente, alguns pratos simples" (Houaiss; Villar, 2009, p. 318).

De acordo com o conhecimento popular, o lugar também é conhecido como *bar, birosca, boteco, baiuca, boliche, frege-moscas, pé-sujo, tasca, taberna, venda* e por aí vai. Esse local é, invariavelmente, informal e despojado, pelo menos os botequins mais tradicionais, onde são servidas comidas e bebidas – mais especificamente as destiladas e fermentadas, com predomínio da cachaça e do chope ou da cerveja. Os botequins são uma instituição nacional (apesar de alguns os considerarem uma instituição carioca), universo de uma sociabilidade ímpar e, quase sempre, de espírito boêmio. A exemplo de cidades como Paris, Londres e Buenos Aires, que têm seus cafés e bistrôs, seus *pubs* e seus *cafes notables*, nas cidades brasileiras temos os botequins.

> **Preste atenção!**
>
> O Bar Luiz é um exemplo típico de botequim brasileiro. Localizado no centro do Rio de Janeiro, tem entre suas especialidades pratos de inspiração alemã, como os salsichões de porco e o *kassler* (carrê defumado). O estabelecimento foi fundado em 1887 e ganhou, inicialmente, o nome de *Zum Schlauch*. Depois de mudar de endereço, o local passou a se chamar *Zum Alten Jacob*. Em 1915, por determinação legal, o estabelecimento mudou mais uma vez de nome, para *Bar Adolph*, pois havia legislação proibindo nomes estrangeiros nos letreiros das casas de comércio. Em 1942, em plena Segunda Guerra Mundial, o bar trocou *Adolph* por *Luiz*, permanecendo assim até hoje.
>
> Outro exemplo é o Nova Capela, aberto em 1903 e hoje no segundo endereço. Nesse estabelecimento, que quase nunca fecha suas portas – abre diariamente das 11h às 5h –, a atmosfera modifica-se de acordo com as horas do dia: "durante o período do almoço e à tarde, é um bar silencioso e familiar, frequentado por pessoas que moram ou trabalham na vizinhança. À medida que a hora avança, o perfil dos fregueses se transforma; várias tribos se cruzam" (Rio..., 2004, p. 94). Da cozinha do Nova Capela sai um prato tradicional: o cabrito com arroz, brócolis e alho.

Os botequins e suas comidas têm história, desvelam costumes, gostos, tradições e refletem a organização social, as culturas e as identidades brasileiras em tempos e lugares diferentes. Os botequins apresentados no *Rio Botequim* revelam várias informações acerca da sociabilidade carioca nesses ambientes considerados amplamente democráticos. Seus cardápios indicam gostos e preferências alimentares que perduram por décadas, como bolinho de bacalhau, pastel, feijoada, torresmo e empadinha.

Parte desses pratos, petiscos e tira-gostos aparece no livro de receitas *Comidas de botequim*, que informa ingredientes e modos de preparo. Os livros de receita, de "profundo significado histórico, antropológico e sociológico, [...] revelam não somente o nível da civilização material e imaterial", mas também "a arquitetura expressa nas hierarquias sociais através dos hábitos alimentares, sua evolução e requinte" (Santos, 2011, p. 111). Um livro de receitas de botequim, portanto, pode ser investigado pelas empadinhas de galinha e pelas sardinhas fritas; pela canjiquinha à mineira e pelo filé à Osvaldo Aranha; pelo mocotó à portuguesa e pelo quibebe com carne-seca. Os ingredientes e os modos de preparo, além dos próprios pratos, são representativos das identidades locais e regionais, evidenciando permanências e rupturas no que concerne aos hábitos de alimentação que são moldados "por regras culturais engendradas na história de uma família ou de um grupo social" (Santos, 2011, p. 121).

Em outro livro, *Bar Palácio: uma história de comida e sociabilidade em Curitiba*, a historiadora Mariana Corção (2012) analisa não apenas um bar/botequim da cidade de Curitiba, mas também seus pratos e modos de preparo. O Bar Palácio tem histórias que refletem regras culturais concebidas na história de determinado grupo social, como a proibição do atendimento a mulheres desacompanhadas, regra que se tornou tradição e perdurou até a década de 1980. As receitas, por sua vez, revelam permanências, como a do Churrasco Paranaense, com seu filé grelhado temperado com sal, vinagre, água e alho, acompanhado de pão, arroz, cebola e farofa; ou o Mineiro com Botas, com sua receita original e feitura à moda especial, levando ovos batidos, bananas, queijo e goiabada cobertos por açúcar e flambados ao rum, sempre na frente do cliente. Por essas e outras, Corção (2012, p. 131) conclui:

> Os tradicionais pratos, Frango à Crapudine, Mignon à Griset, Churrasco Paranaense e Mineiro com Botas, representam permanências significativas que dão espaço para a rememoração, fenômeno que se associa à manifestação da memória gustativa. Nesta perspectiva, o Bar Palácio é apresentado como um lugar de memória, através do qual o presente se manifesta, não como herança, mas como usuário do passado. Tal característica do Palácio confere a este um caráter tradicional, sustentado pelo estabelecimento de identidade na relação intergeracional da clientela.

Com os exemplos apresentados, que de alguma maneira tratam de comida e alimentação, dos hábitos à mesa e dos pratos servidos, esperamos ter mostrado as múltiplas possibilidades de se explorar a linguagem dos livros como fontes históricas. A temática central escolhida foi a história da alimentação e suas variações, mas essas possibilidades podem existir em relação a qualquer temática, afinal, os livros são uma excelente porta de entrada para que outras linguagens também sejam usadas nas aulas de História.

(2.3)
Histórias em quadrinhos

Foi-se o tempo em que os quadrinhos eram menosprezados na sociedade, causando verdadeiro furor entre mães e pais que desejavam proteger seus filhos e mantê-los longe de algo considerado repugnante e corruptível. O *status* dos quadrinhos mudou significativamente nas últimas décadas, alçando as manifestações sequenciais ao patamar de arte, tal qual a arquitetura, a música, a pintura, a escultura, a poesia, a dança, o cinema e a televisão.

Assim como os quadrinhos conquistaram seu espaço no panteão das artes, o mesmo aconteceu nas salas de aula. Outrora expurgados por serem considerados prejudiciais, uma verdadeira afronta aos princípios e valores mais caros da educação, nos últimos tempos os quadrinhos passaram de vilões a heróis, figurando nos livros didáticos de todos os componentes curriculares, cobrados nas principais avaliações externas e vestibulares e indicados nas Diretrizes Curriculares Nacionais para a Educação Básica.

Isso significa que os quadrinhos estão presentes nas escolas. Esse recurso é amplamente utilizado nas salas de aulas, uma prova inconteste de que ele oferece inúmeras possibilidades didático-pedagógicas. Desse modo, convém pensar na utilização dos quadrinhos nas aulas de História, afinal, há muitas obras de quadrinhos com grande potencial para serem exploradas no ensino da disciplina.

Além disso, os quadrinhos constituem uma linguagem que, como fonte histórica, encontra aceitação entre os aprendizes, que costumam gostar do gênero, recebendo-o "de forma entusiasmada, sentindo-se, com sua utilização, propensos a uma participação mais ativa nas atividades de aula" (Vergueiro; Ramos, 2009, p. 21). Assim, os quadrinhos são tanto um estímulo para outras leituras como um catalisador para a criatividade dos estudantes.

Os quadrinhos também contribuem para que os alunos desenvolvam habilidades de decodificação simultânea de imagens e de palavras, já que a maioria dos quadrinhos é caracterizada pela interação entre os códigos visual e verbal. Os docentes de História dispõem de uma diversidade considerável – tanto de abordagens quanto de temáticas – de quadrinhos propícios para a utilização em sala de aula.

Vale para os quadrinhos a mesma advertência já registrada para outras linguagens entendidas como fontes históricas: os quadrinhos não devem ser utilizados com a mera finalidade de motivar e ilustrar.

Como ocorre com outras linguagens, eles não devem ser encarados como a solução para todos os problemas de ensino-aprendizagem, como salientam Vergueiro e Ramos (2009, p. 27):

> Os quadrinhos não podem ser vistos pela escola como uma espécie de panaceia que atende a todo e qualquer objetivo educacional, como se eles possuíssem alguma característica mágica capaz de transformar pedra em ouro. Pelo contrário, deve-se buscar a integração dos quadrinhos a outras produções das indústrias editorial, televisiva, radiofônica, cinematográfica etc., tratando todos como formas complementares e não como inimigas ou adversárias na atenção dos estudantes.

Assim como com outras linguagens, é fundamental conhecer as particularidades dos quadrinhos para fazer melhor uso deles em sala de aula, pois a intenção é que os estudantes sejam capazes de ler, interpretar e compreender os quadrinhos em uma perspectiva histórica que implica posicionamento crítico diante da fonte analisada. Eisner (1999, p. 8) entende a disposição dos elementos específicos de uma obra em quadrinhos como constitutivos de linguagem própria e, justamente por isso, considera sua leitura "um ato de percepção estética e de esforço intelectual".

Vergueiro e Ramos (2009, p. 31) também defendem a necessidade de uma "alfabetização" na linguagem dos quadrinhos:

> A "alfabetização" na linguagem específica dos quadrinhos é indispensável para que o aluno decodifique as múltiplas mensagens neles presentes e, também, para que o professor obtenha melhores resultados em sua utilização.
>
> Em primeiro lugar, nota-se que as histórias em quadrinhos constituem um sistema narrativo composto por dois códigos que atuam em constante interação: o visual e o verbal.

Em vez de **alfabetização**, Eisner considera que o leitor de quadrinhos precisa de certo **refinamento**, principalmente quando os quadrinhos apresentam imagens sem palavras:

> As imagens sem palavras, embora aparentemente representem uma forma mais primitiva de narrativa gráfica, na verdade exigem certo refinamento por parte do leitor (ou espectador). A experiência comum e um histórico de observação são necessários para interpretar os sentimentos mais profundos do autor. A arte sequencial, tal como é praticada nas histórias em quadrinhos, apresenta um obstáculo técnico que só pode ser superado com a aquisição de uma certa habilidade. (Eisner, 1999, p. 24)

Se é necessária uma alfabetização e há demanda de habilidade para lê-los, então, o que são quadrinhos? Quadrinhos, ou história em quadrinhos, podem ser uma "história narrada por meio de desenhos contidos em pequenos quadros, com diálogos inseridos em balões ou com texto narrativo sob forma de legenda" (Houaiss; Villar, 2009, p. 1029); podem ser um "veículo de expressão criativa, uma disciplina distinta, uma forma artística e literária que lida com a disposição de figuras ou imagens e palavras para narrar uma história ou dramatizar uma ideia" (Eisner, 1999, p. 5); ou também um conjunto de "imagens pictóricas e outras justapostas em sequência deliberada destinadas a transmitir informações e/ou a produzir uma resposta no espectador" (McCloud, 2005, p. 9).

Considerando essas definições, passemos à apresentação de alguns dos principais elementos específicos dos quadrinhos, a fim de que possamos esclarecer como é possível explorá-los da melhor forma possível. Primeiramente, devemos reiterar que a linguagem dos quadrinhos é formada pela interação entre os códigos visual e verbal, sem que exista regra que estabeleça a obrigatoriedade de os dois códigos aparecerem simultaneamente.

Os quadrinhos são comumente conhecidos nos seguintes formatos: **revistas em quadrinhos**, ou **histórias em quadrinhos** (HQs); **tirinhas**, bastante comuns nos periódicos de circulação diária; **charges**, bastante comuns em jornais e revistas; e **cartuns**, que aparecem em várias mídias, graças à versatilidade do formato. Atualmente, os quadrinhos também conquistaram lugar na internet, havendo vários *sites* dedicados especialmente a esse tipo de linguagem.

Os quadrinhos, no formato de histórias ou tirinhas, são caracterizados pela sucessão de quadros, ou *frames*, nos quais há a apresentação dos desenhos e das palavras (códigos visual e verbal) que compõem o enredo dos quadrinhos em questão. Nos quadrinhos ocidentais, a leitura é realizada da esquerda para a direita, de cima para baixo. Nos quadrinhos orientais (mangás), que se tornaram bastante populares nos últimos anos, a leitura é realizada da direita para esquerda, de acordo com a tradição oriental, o que implica considerar, a partir do referencial ocidental, que tais quadrinhos são lidos de trás para a frente.

Entre os quadros, ou *frames*, há um espaço denominado *sarjeta*. Dentro dos quadros, o código verbal normalmente aparece em balões ou legendas. Entender as particularidades de cada tipo de balão é fundamental para a correta decodificação dos códigos dos quadrinhos. É preciso atentar para o fato de que os balões – e não apenas o que está inserido neles – devem ser lidos de maneira integrada com os demais elementos presentes no quadro.

Os variados tipos de balões são um dos elementos específicos da linguagem dos quadrinhos e assumem função distinta de acordo com a maneira como o contorno demarcatório é desenhado: linhas tracejadas indicam voz baixa ou cochicho; em zigue-zague sinalizam que a informação vem de um aparelho eletromecânico; linha trêmula pode indicar medo; linha vibrada demonstra voz tremida etc. Os formatos também transmitem intenções diversas: o balão em forma de nuvem é associado a pensamentos; um balão "derretendo" pode significar desprezo ou choro; balões em forma de coração indicam paixão etc. Outros elementos específicos da linguagem dos quadrinhos também interferem na leitura e interpretação desse gênero, como os rabichos dos balões (apêndices direcionados para a origem da fala/texto), as legendas, o formato das letras, o uso de onomatopeias, o uso de figuras cinéticas e as representações de som. Por isso, a capacidade de decodificação requer percepção estética e esforço intelectual. Enfim, é preciso conhecer como são constituídos os quadrinhos para que o exercício de decodificá-los seja mais completo e profundo.

2.3.1 HISTÓRIA E MEMÓRIA NOS QUADRINHOS

A memória como elemento fundamental para o fortalecimento da identidade de grupos e comunidades constitui-se em um objeto de análise de significativa importância diante da velocidade, da efemeridade, da fragilidade e da transitoriedade que caracterizam a contemporaneidade, oferecendo a matéria-prima, a argamassa do historiador que pretende construir um "edifício da história".

Recordar e esquecer são duas faces de uma mesma moeda, são um exercício singular, já que cada indivíduo tem suas próprias recordações, que não podem ser transferidas a outras pessoas. A referida singularidade reside, justamente, na possibilidade de ativar o passado no presente, exercício que define a identidade individual e a continuidade de si mesmo no tempo (Jelin, 2002).

A memória individual, fruto do singular exercício de recordar o passado, é sempre permeada pelo contexto social, como indica Lacerda (2011), para quem marcos como religião, família e classe social dão sentido às rememorações individuais.

Assim, ao examinarmos a memória de situações de repressão registradas na linguagem dos quadrinhos, abrimos um leque de possibilidades para conhecer mais, e melhor, as relações entre passado e presente, ou até mesmo entre as permanências e as rupturas latentes na vida de pessoas que, de alguma maneira, vivenciaram a repressão – seja de maneira passiva (a pessoa viveu naquele período, mas não sofreu repressão), seja de maneira ativa.

Nesse sentido, as HQs selecionadas por suas características próprias (autoria, roteiro, código verbal, código visual etc.) e pelas histórias registradas são passíveis de análise por parte do historiador, já que relacionam, de maneira peculiar, experiências de memória e de repressão.

A seguir, citamos alguns exemplos de HQs que tratam de episódios históricos. O recorte histórico e cronológico contemplado é basicamente o século XX.

> A obra *Maus: a história de um sobrevivente*, do sueco radicado nos Estados Unidos Art Spiegelman (2005), apresenta as memórias de seu pai, o judeu polonês Vladek Spiegelman, que sobreviveu ao Holocausto. Em *1968: ditadura abaixo*, a jornalista curitibana Teresa Urban (2008) conta a história do movimento estudantil em Curitiba na década de 1960, no qual atuou ativamente. *Persépolis*, da quadrinista iraniana Marjane Satrapi (2007), é uma autobiografia que destaca a repressão imposta pela Revolução Iraniana, iniciada em 1979. *Valsa com Bashir* (2012) é a adaptação em quadrinhos do filme homônimo do israelense Ari Folman, que busca reviver as experiências de sua participação na Guerra do Líbano, no início da década de 1980.

As quatro HQs, a princípio tão díspares no tempo e no espaço, são, diante de um observador atento, fragmentos que compõem o todo, pedaços distintos de uma grande colcha de retalhos. O que as une é o exercício de lembrar e de esquecer – e, nesse caso, muito mais lembrar do que esquecer.

Rememorar o passado é, para os autores/quadrinistas, um meio de evitar o esquecimento – afinal, para não esquecer, é preciso lembrar. Rememorar é tarefa que traz à tona a dor e a melancolia, mas também a luz e a esperança. Rememorar é resgatar a história e a memória, é afirmar a identidade (ou, como em *Valsa com Bashir*, é a busca pela identidade perdida). Por isso, as quatro HQs citadas proporcionam valiosa matéria-prima para uma análise das relações entre memória e repressão.

2.3.2 QUADRINHOS COMO FONTES HISTÓRICAS

Para as aulas de História, a despeito das diferentes possibilidades e enfoques que oferecem, os quadrinhos podem ser "lidos e estudados como registros da época em que foram produzidos" (Vilela, 2009, p. 110). Sugerimos como exemplo o trabalho desenvolvido pelo quadrinista Gilbert Shelton, pois seus *Fabulosos Peludos Irmãos Doidões* refletem determinada época, podendo ser estudados como fontes históricas:

> The Fabulous Furry Freak Brothers, *algo como "Os Fabulosos Peludos Irmãos Doidões", foi a denominação dada aos personagens de quadrinhos criados por Gilbert Shelton*[3], *que constituem-se em um precioso exemplo das manifestações contraculturais dos anos 1960 e 1970.*
>
> *[...]*
>
> *As críticas escrachadas ao* american way of life *foram um golpe preciso no equilíbrio e na hegemonia de uma sociedade que, de acordo com o entendimento de algumas pessoas, demandava mudanças urgentes.*

---

3   *Gilbert Shelton foi o criador dos* Freak Brothers. *Em 1974, Dave Sheridan passou a auxiliar Shelton. A dupla ganhou o reforço de Paul Mavrides a partir de 1978. No presente texto, por escolha do autor, apenas Gilbert Shelton será referenciado como criador das histórias em quadrinhos dos Fabulosos Peludos Irmãos Doidões.*

Foi exatamente nesse contexto histórico que apareceram os Freak Brothers, *três ripongas que, doidos em suas viagens lisérgicas, assumiram um comportamento que rompeu com as barreiras do tradicionalismo estadunidense pós-II Guerra Mundial. Os personagens de Shelton nasceram durante a Guerra do Vietnã e estavam, além de superchapados, em plena atividade no ano de 1968, um ano de referência para a quebra de padrões e de manifestações que, na época, foram consideradas subversivas e, em muitos locais, duramente reprimidas.* (Nicolazzi Junior, 2011, p. 1-3)

Shelton vivenciou a efervescência cultural de uma juventude que contestou o estilo de vida dos estadunidenses dos Anos Dourados. Assim, a contracultura é uma das marcas presentes nos quadrinhos desse ícone do movimento *underground* dos anos 1960. Ao misturar *rock and roll*, LSD, desenhos psicodélicos e uma ácida crítica ao *american way of life*, Shelton deu um "chute nos dentes" na desprezível Comics Code Authority (associação autorreguladora dos quadrinhos nos Estados Unidos), iniciando uma verdadeira guerra cultural. A importância desse tipo de produção artística ultrapassou as fronteiras estadunidenses e pôde ser sentida em vários cantos do mundo, até mesmo no Brasil, onde durante a década de 1980 foram produzidas algumas das melhores HQs nacionais, com nítida influência dos ícones do *underground*.

A revista *Balão*, projeto que envolveu estudantes da Faculdade de Arquitetura e Urbansmo (FAU) e da Escola de Comunicação e Artes (ECA) da Universidade de São Paulo (USP), preconizou o surgimento de novas HQs que revelaram ao público leitor desse gênero que a produção nacional também poderia romper com o modelo até então em voga dos quadrinhos infantis e juvenis (grande parte deles adaptações de quadrinhos estrangeiros), os quais não apresentavam qualquer conteúdo crítico. Foi nessas revistas que nomes atualmente conhecidos e renomados assinaram seus primeiros quadrinhos: Laerte, Luiz Gê, os irmãos Chico e Paulo Caruso, Angeli, Glauco, Mutarelli, Marcatti, entre outros.

A análise dessas obras pode revelar aspectos de determinado período histórico que dificilmente seriam desvelados a partir da inquirição de outras fontes. Alguns dos referidos quadrinhos nacionais foram produzidos entre os anos 1984 e 1995, que foi o tempo de existência da Circo Editorial, editora responsável pela publicação de títulos como *Chiclete com Banana, Circo de Quadrinhos e Humor* (ou simplesmente *Circo), Geraldão, Piratas do Tietê, Níquel Náusea, Big Bang Bang, Lúcifer* e *Casseta Popular*.

Tais quadrinhos, denominados como underground *ou marginais, romperam com os padrões dos quadrinhos até então vigentes e, ao mesmo tempo, adaptaram-se às estruturas de* mass media *da maioria das publicações de quadrinhos existentes no referido período. Por um lado, deixou-se de fazer quadrinhos infantis ou de heróis e se passou a abordar aspectos da vida cotidiana, como as relações conjugais, a família, a sociabilidade urbana, as crises de gerações e os anseios e angústias de uma geração que cresceu durante a ditadura civil-militar brasileira e alcançou sua maturidade nos anos de abertura política e de restabelecimento da democracia republicana no Brasil. Por outro, as supracitadas revistas foram produzidas levando-se em consideração várias das demandas características da indústria cultural, como produção em larga escala (com tiragens que ultrapassaram os*

50 mil exemplares e chegaram nos 100 mil[4]) e distribuição nacional com a Dinap[5]. (Nicolazzi Junior, 2014, p. 2527-2528)

A empreitada da Circo Editorial, portanto, pode ser considerada revolucionária, visto que contribuiu para uma significativa ampliação do público leitor de quadrinhos no Brasil, sucedida pelo crescente refinamento nas produções nacionais e pelo igualmente crescente interesse de outras editoras em publicar esse tipo de linguagem, consagrando-a como algo além de uma simples mídia. Em outras palavras, ao longo das últimas cinco décadas, os quadrinhos como linguagem deixaram de ser meramente a sobreposição dos códigos visual e verbal – até mesmo porque são feitos para permitir que a narrativa visual não seja a simples reiteração do texto – para se tornarem arte.

Síntese

Neste capítulo, abordamos o livro como linguagem que, se entendida como fonte histórica, oferece inúmeras possibilidades de trabalho para as aulas de História. Procuramos identificar nos hábitos de leitura um caminho para pensar as variações de sentidos e significados que o leitor/receptor atribui a determinada obra.

Tendo isso em vista, demonstramos como uma temática, como a da história da alimentação, possibilita que vários tipos de livros

---

4   Para a edição inaugural da revista Chiclete com Banana, foram impressas 50 mil cópias (foram vendidos 28 mil exemplares). O número 11 da mesma revista teve 130 mil cópias impressas (foram vendidos 100 mil exemplares).

5   A Dinap, empresa do Grupo Abril, é a maior empresa de distribuição de publicações do Brasil. A empresa está há 50 anos no mercado e é responsável por 70% das vendas avulsas de revistas, chegando a mais de 2,6 mil municípios brasileiros. A Dinap atende, além da Editora Abril, grandes editoras, como Caras, Alto Astral, Ediouro, On Line, Rickdan, Duetto e Nova Cultural (Dinap, 2018).

sejam explorados como fontes históricas nas aulas de História. Na sequência, tratamos da linguagem dos quadrinhos e de seus elementos característicos para indicar duas possibilidades de trabalho com esse recurso na sala de aula: 1) a relação entre história e memória; e 2) a apreciação de determinados quadrinhos como fontes históricas para análise e investigação de tempos e espaços específicos.

Indicações culturais

A seguir, comentamos seis HQs que podem ser exploradas em aulas de História sobre a Segunda Guerra Mundial.

EISNER, W. **O Complô:** a história secreta dos Protocolos dos Sábios do Sião. Tradução de André Conti. São Paulo: Companhia das Letras, 2006.

Nessa obra, Will Eisner apresenta uma versão bem documentada da criação fraudulenta do documento supostamente escrito por líderes judeus que descreve minuciosamente como eles conspiraram para conquistar o mundo. Na obra, o autor mostra como e por que os Protocolos foram produzidos no final do século XIX. A importância maior dessa obra para as aulas de História talvez seja como fundamentação para explicar que, apesar de os Protocolos terem sido, desde a década de 1920, considerados uma fraude, eles continuaram ganhando cada vez mais exposição e credibilidade.

Um exemplo disso, considerando-se o contexto histórico da Segunda Guerra Mundial, é o fato de os Protocolos terem sido lidos e servido de embasamento para a obra *Mein Kampf* (*Minha luta*), de Adolf Hitler, publicada pela primeira vez em 1925. Grande parte das ideias antissemitas defendidas por Hitler foi retirada diretamente dos Protocolos.

Assim, *O Complô* tem o mérito de apresentar a propaganda antissemita dos Protocolos em uma linguagem mais acessível, ou seja, a linguagem narrativa dos quadrinhos.

EISNER, W. **O sonhador:** uma história sobre os primórdios das revistas em quadrinhos. Tradução de Marquito Maia. São Paulo: Devir, 2007.

Nessa obra, Eisner expõe suas próprias experiências como quadrinista em início de carreira durante a década de 1930. O contexto histórico abordado está intrinsecamente ligado à Crise de 1929 e ao início da Segunda Guerra Mundial, dois eventos históricos inter-relacionados. Alguns pesquisadores do gênero atribuem a essa crise o crescimento da indústria dos quadrinhos. A quebra da Bolsa de Nova York e o colapso econômico do mundo capitalista no início dos anos 1930 criaram o ambiente favorável para a disseminação dos quadrinhos como um meio de entretenimento. Afinal, com grande parte da população passando por dificuldades, era primordial que algo a distraísse das amarguras da vida cotidiana. Então, com o propósito de entreter as massas, os quadrinhos ganharam espaço durante esse período.

EISNER, W. **Ao coração da tempestade.** Tradução de Augusto Pacheco Calil. São Paulo: Companhia das Letras, 2010.

A última obra de Eisner que sugerimos é um registro autobiográfico do artista, que passa em revista sua vida até o ano de 1942, quando foi selecionado para o serviço militar. Will Eisner nasceu em 1917 e tinha 25 anos quando passou a fazer parte do exército estadunidense, justamente no início de sua carreira como quadrinista. De acordo com o próprio artista, foi "uma época de conscientização sobre as questões sociais e preocupação constante com a sobrevivência econômica.

Ao mesmo tempo, era possível ouvir os estrondos e sentir as ondas de choque do distante Holocausto" (Eisner, 2010, p. 9).

Podemos considerar que uma das principais características do período era o pérfido preconceito que permeava o mundo. Eisner acreditava que o preconceito tinha três manifestações diferentes: uma contra aqueles que não são brancos (racismo); outra contra os indivíduos de outras etnias (que, segundo o autor, manifestava-se no nacionalismo); e uma última contra os judeus (antissemitismo). Eisner era judeu, por isso enfatiza esta última. Tratando-se de uma obra autobiográfica, tal fato é perfeitamente aceitável, já que parte da infância do artista foi passada no bairro do Bronx, em Nova York, região que tinha grande concentração de italianos e irlandeses.

Além do contexto histórico que expõe traços marcantes das décadas de 1920 e 1930 nos Estados Unidos, *Ao coração da tempestade* é interessante para abordar o tema da diversidade em sala de aula, tão necessário para que os estudantes se percebam como sujeitos históricos, como verdadeiros agentes da história.

TEZUKA, O. **Adolf**. Tradução de Drik Sada. São Paulo: Conrad, 2006. 5 v.

Os mangás chegaram ao Brasil na década de 1980. Na década seguinte, a popularização dos *animes*, desenhos animados japoneses, contribuiu para a disseminação do mangá em terras brasileiras. Esse estilo de quadrinhos é bastante admirado pelos jovens e adolescentes, o que pode favorecer o trabalho em sala de aula.

No Brasil, a coleção *Adolf* está disponível em 5 volumes, cada um com uma média de 260 páginas. Em outras palavras, temos aqui uma história em quadrinhos de quase 1.300 páginas, que ultrapassam o recorte cronológico do contexto histórico da Segunda Guerra Mundial, avançando até o início da década de 1980.

Essa obra de Osamu Tezuka é constituída por três contos completamente diferentes que acabam formando uma história, conforme propõe o estilo japonês *sandan-banashi* (contos trípticos). Trata-se da história de três homens, todos chamados Adolf. Nas primeiras páginas, o artista já indica essa característica da obra, destacando que "cada um deles trilhou um caminho diferente... mas estavam todos ligados pelo fio do destino" (Tezuka, 2006, p. 11-12).

No primeiro volume, Sohei Toge, narrador da história e elo entre os três contos, está em Berlim, fazendo a cobertura jornalística das Olimpíadas de 1936. Esse evento foi uma das primeiras apresentações em massa realizadas pelo Partido Nazista para demonstrar o poderio da Alemanha, que experimentava um rápido desenvolvimento desde 1933, quando Hitler chegou ao poder.

Na sequência, o autor apresenta o chefe máximo na condução da Assembleia Geral do Partido Nazista, na praça Zeppelin, em Nuremberg. Aspectos desenvolvidos pelo ministro da Propaganda, Joseph Goebbels, são destacados quadro a quadro, a fim de permitir uma reflexão sobre as razões de cada participante naqueles espetáculos que mais lembravam a glória do Império Romano. Também é possível vislumbrar o ar inflamado que Hitler imprimia aos seus discursos, com gestos espalhafatosos e postura impositiva, que acabava se fixando na memória das pessoas que a suas aparições assistiam.

HEUVEL, E.; SCHIPPERS, L.; VAN DER ROL, R. **A busca**. Tradução de Augusto Pacheco Calil. São Paulo: Companha das Letras, 2009.

A busca é outra excelente possibilidade para se explorar a linguagem dos quadrinhos nas aulas. Além da bastante tradicional apresentação estética, que em muitas passagens faz lembrar clássicos dos quadrinhos, como o belga *As Aventuras de Tintim*, essa obra-prima foi elaborada com base em pesquisas históricas, testemunhos de sobreviventes e documentos escritos e iconográficos, que garantem à história verossimilhança. Assim, apesar de os personagens da história terem sido inventados pelos artistas, os detalhes relatados nos quadrinhos são bastante fidedignos ao que de fato ocorreu. Trata-se da história de Esther, uma alemã judia que nasceu em 1926 e vivenciou o crescimento do Partido Nazista e a sistemática perseguição aos judeus empreendida pelos seguidores de Hitler. Com seus pais, no ano de 1938, Esther buscou refúgio na Holanda, um território neutro naquele cenário que anunciava o conflito que em breve tomaria proporções nunca antes imaginadas. Em 1939, Hitler invadiu a Polônia e, no ano seguinte, desrespeitou a neutralidade holandesa e adentrou o território dos Países Baixos. Em pouco tempo, os judeus que viviam na Holanda passaram a ser presos e levados aos campos de concentração.

Esther conseguiu fugir e passou uma longa temporada escondida. Seus pais não tiveram a mesma sorte e acabaram morrendo – a mãe em um campo de concentração; o pai, nas longas caminhadas durante o processo de abandono dos campos de concentração, já no período final da guerra, quando os aliados avançavam a passos largos.

Esses quadrinhos mostram detalhes do campo de Auschwitz--Birkenau, desde a chegada dos prisioneiros, com a separação entre os aptos ao trabalho e os inaptos. Estes últimos tinham como destino as câmaras de gás. É possível ver, nos quadrinhos, a estrutura do campo e aspectos do dia a dia dos prisioneiros.

SPIEGELMAN, A. **Maus**: a história de um sobrevivente. Tradução de Macedo Soares. São Paulo: Companhia das Letras, 2005.

A obra *Maus: a história de um sobrevivente* foi originalmente publicada em dois volumes, com um intervalo de pouco mais de dez anos entre a primeira e a segunda parte. No Brasil, é mais fácil encontrar a obra em volume único. A primeira parte recebe o nome de "Meu pai sangra história" e a segunda, "E aqui meus problemas começaram".

É, de certa forma, uma obra autobiográfica, já que Art Spiegelman narra a história de seu pai, um polonês que vivenciou a experiência do crescimento do nazismo, das sistemáticas perseguições e do confinamento em campos de concentração. Um aspecto que chama atenção é a apresentação dos personagens na forma de animais: os judeus aparecem como ratos; os poloneses, como porcos; os franceses, como sapos; e os estadunidenses, como cães. Essa característica de *Maus* faz lembrar tanto Esopo e suas fábulas como *A revolução dos bichos*, de George Orwell. Os animais de Spiegelman são todos terrivelmente humanos, chegando a chocar o leitor.

Com essa apresentação dos quadrinhos, sem recorrer ao sentimentalismo, podemos conhecer mais daquilo que deveria ser o cotidiano dos prisioneiros dos nazistas. A obra elimina clichês comuns de enredos que abordam o Holocausto e os campos de concentração nazistas, revelando detalhes pormenorizados das condições de sobrevivência a que estavam sujeitos os prisioneiros.

Maus merece ser lido por, pelo menos, três razões: 1) é uma história em quadrinhos, ou *graphic novel*, de excelente qualidade; 2) pode ser utilizada como fonte para a preparação de aulas, já que permite conhecer mais a respeito do contexto histórico da Segunda Guerra Mundial; 3) é também uma fonte didático-pedagógica para ser lida e explorada em sala de aula juntamente com os estudantes.

Atividades de autoavaliação

1. Sobre o uso de livros nas aulas de História, assinale a alternativa correta:
   a) Para as aulas de História, é conveniente que apenas o livro didático seja utilizado, a fim de que não haja contraposição de opiniões e interpretações.
   b) Com o advento da internet, o uso de livros impressos nas aulas de História é praticamente um anacronismo.
   c) Livros impressos têm potencial para serem explorados como fontes históricas nas aulas de História, favorecendo a construção do conhecimento histórico.
   d) Para estudar história, são recomendados apenas livros escritos por historiadores profissionais e livros didáticos.

2. Analise as afirmações a seguir sobre os livros nas aulas de História:
   i) Todo e qualquer livro pode ser explorado como fonte histórica nas aulas de História, desde que haja relação com o assunto/tema a ser trabalhado e que sua análise respeite metodologias de investigação histórica.
   ii) Como fonte histórica, um livro de registros matrimoniais do século XVIII pode ser tão revelador quanto um livro de receitas do século XX.
   iii) Por via de regra, um livro de história escrito por um historiador e outro escrito por um jornalista têm o mesmo rigor historiográfico.
   iv) Os livros como linguagem são uma porta de entrada para que outras linguagens também sejam usadas nas aulas de História.

Agora, assinale a alternativa correta:

a) Apenas as afirmações I e II são corretas.
b) Apenas as afirmações I e III são corretas.
c) Apenas as afirmações I, III e IV são corretas.
d) Apenas as afirmações I, II e IV são corretas.

3. Analise as afirmações a seguir sobre os quadrinhos nas aulas de História:

i) São dispensáveis, pois se apresentam como um gênero de linguagem constituído, basicamente, pelos códigos visual e verbal.

ii) Constituem uma linguagem autônoma que faz parte do cotidiano dos estudantes, além de seu uso nas aulas oferecer uma infinidade de possibilidades didático-pedagógicas.

iii) Considerando-se o acesso dos estudantes aos *smartphones* e à internet, usar quadrinhos em sala de aula é quase um retrocesso metodológico.

iv) O uso de quadrinhos em sala de aula é, também, uma oportunidade para que a interdisciplinaridade seja explorada de modo a conferir à disciplina de História importância e valor entre os demais componentes curriculares.

Agora, assinale a alternativa correta:

a) Apenas as afirmações I e II São corretas.
b) Apenas as afirmações II e IV são corretas.
c) Apenas as afirmações I e IV são corretas.
d) Apenas as afirmações II e III são corretas.

4. Sobre história, memória de situações de repressão e quadrinhos, assinale a alternativa correta:
   a) As memórias são sempre recordações individuais sem relação com contextos sociais.
   b) A memória de situações de repressão é um caminho para conhecer relações entre passado e presente latentes na vida de pessoas que vivenciaram a repressão.
   c) Por serem uma recordação individual, memórias de situações de repressão não podem ser compartilhadas com outras pessoas.
   d) A linguagem dos quadrinhos não comporta o registro de memórias de situação de repressão.

5. Analise as afirmações a seguir sobre o uso de quadrinhos nas aulas de História:
   i) Quadrinhos podem ser analisados como fonte histórica do período no qual foram produzidos.
   ii) Quadrinhos refletem o contexto de sua produção, podendo ser estudados como fontes históricas.
   iii) Em certos casos, os quadrinhos revelam aspectos de determinado período histórico que dificilmente seriam desvelados a partir da inquirição de outras fontes.
   iv) Quadrinhos podem revelar aspectos da vida cotidiana, como as relações conjugais, a família, a sociabilidade urbana e os anseios e angústias de determinada geração.

   Agora, assinale a alternativa correta:

   a) Apenas as afirmações I, II e III são corretas.
   b) Apenas as afirmações I, II e IV são corretas.
   c) Apenas as afirmações I, III e IV são corretas.
   d) Todas as afirmações são corretas.

Atividades de aprendizagem

Questões para reflexão

1. Pense em um assunto/tema específico de história. Qual livro você escolheria para trabalhar esse assunto/tema em sala de aula? Por que escolheu esse livro? Como ele pode ser explorado como fonte histórica? A escolha demanda que o livro seja lido na íntegra pelos estudantes?

2. Considerando os livros indicados para serem explorados na temática da história da alimentação, organize um quadro comparativo entre as referidas obras e suas possibilidades como fontes históricas para as aulas de História.
   Exemplo:

Título	Referência	Tipo de livro	Possibilidades para as aulas de História
De caçador a gourmet: uma história da gastronomia	FRANCO, A. *De caçador a gourmet*: uma história da gastronomia. São Paulo: Senac, 2001.	Livro de história escrito por um profissional, mas sem o rigor historiográfico de um historiador na apresentação das fontes consultadas e das referências.	É possível usar o livro como referência, servindo de ponto de partida para investigações em outras fontes históricas.

Atividade aplicada: prática

1. Com base nas informações apresentadas a respeito dos quadrinhos *underground* brasileiros, elabore um planejamento de sequência didática que explore pelo menos um dos quadrinhos indicados. Depois de definidos os objetivos e a abordagem, detalhe os encaminhamentos previstos para a execução da sequência didática. Por fim, se possível, coloque a sequência didática em prática e avalie seus resultados.

Capítulo 3
Música, fotografia e cinema nas aulas de História

Neste capítulo, daremos atenção especial às linguagens visuais, audiovisuais e sonoras, com ênfase na música, na fotografia e no cinema. Iniciaremos com uma contextualização a respeito do uso desses tipos de linguagens nas aulas de História para depois discutirmos as particularidades de cada uma delas. Ao tratarmos da música, consideraremos como a linguagem sonora/musical pode ser explorada nas aulas de História, tomando como exemplo uma canção da música popular brasileira (MPB). Quanto à fotografia, enfocaremos o uso da linguagem visual e analisaremos algumas de suas especificidades, como aspectos técnicos e a questão da autenticidade das fotografias como fontes históricas. Com relação ao cinema, abordaremos, além de alguns dos seus elementos característicos, aspectos práticos relacionados a seu uso em sala de aula.

(3.1)
FONTES VISUAIS, AUDIOVISUAIS E MUSICAIS

Pensar no uso das fontes visuais, audiovisuais e musicais nas aulas de História não é nenhuma novidade, uma vez que, desde o século XIX, diferentes categorias de imagens, como desenhos, ilustrações, gravuras, fotografias e mapas, "têm sido utilizadas como recurso pedagógico no ensino de História" (Bittencourt, 2009b, p. 69).

Bittencourt ressalta as observações de Jonathas Serrano, do Colégio Pedro II do Rio de Janeiro, que no início do século XX já indicava o uso de filmes como recurso para as aulas de História. Na ocasião, Serrano afirmou:

Graças ao cinematógrafo, as ressurreições históricas não são mais uma utopia. O curso ideal fora uma série de projeções bem coordenadas, o cinema a serviço da história, imenso gaudio e lucro incalculável dos alunos. Isto, porém, é por enquanto ainda bem difícil. Resta, entretanto, mais modestamente, o emprego das gravuras, retratos, mapas etc., para ensinar pelos olhos e não apenas, e enfadonhamente não raro, só pelos ouvidos, em massudas, monótonas e indigestas preleções. (Serrano, 1937, p. 13)

Serrano exalta-se com o advento do cinema logo no início da segunda década do século XX – sua obra *Epítome de história universal* teve sua primeira edição publicada em 1912 –, quando o cinema ainda era uma novidade para grande parte do mundo e, seguramente, para a maioria dos brasileiros. Durante as décadas seguintes, o cinema passou, gradualmente, a ganhar cada vez mais atenção por parte de professores de História – a atenção dos historiadores só surgiu, de maneira mais significativa, na segunda metade do século XX. Assim, além do cinema, a música, a fotografia e as mídias informatizadas consolidaram-se, ao longo daquele século, como linguagens entendidas como fontes históricas para um ensino de História em que o protagonismo dos estudantes fosse mais ativo e as aulas, menos enfadonhas.

Antes de explorar tais linguagens como fontes históricas na sala de aula, é conveniente pensar nessas fontes como portadoras de uma tensão entre evidência e representação, o que demanda um olhar inquiridor diante delas, já que "nenhum documento fala por si mesmo", como explica Napolitano (2006, p. 240). Além disso, consideramos adequado iniciar qualquer trabalho nesse sentido com uma abordagem a respeito dos meios/produtos visuais, audiovisuais e musicais e sua relação com a condição da reprodutibilidade técnica. Afinal, a condição da produção não estava tão intrinsecamente relacionada ao produto final até o surgimento da fotografia, como explica Benjamin (1994) ao examinar como a reprodução de obras de arte e a arte cinematográfica repercutem uma sobre a outra.

Benjamin afirma que, com o processo histórico da Revolução Industrial, houve significativas mudanças com relação ao caráter do trabalho artístico e da própria obra de arte:

> a litografia ainda estava em seus primórdios, quando foi ultrapassada pela fotografia. Pela primeira vez no processo de reprodução da imagem, a mão foi liberada das responsabilidades artísticas mais importantes, que agora cabiam unicamente ao olho. Como o olho apreende mais depressa do que a mão desenha, o processo de reprodução das imagens experimentou tal aceleração que começou a situar-se no mesmo nível que a palavra oral. Se o jornal ilustrado estava contido virtualmente na litografia, o cinema falado estava contido virtualmente na fotografia. **A reprodução técnica do som iniciou-se no fim do século passado [século XIX]. Com ela, a reprodução técnica atingiu tal padrão de qualidade que ela não somente podia transformar em seus objetos a totalidade das obras de arte tradicionais, submetendo-as a transformações profundas, como conquistar para si um lugar próprio entre os procedimentos artísticos.** Para estudar esse padrão, nada é mais instrutivo que examinar como suas duas funções – a reprodução da obra de arte e a arte cinematográfica – repercutem uma sobre a outra. (Benjamin, 1994, p. 167, grifo do original)

O problema identificado por Benjamin é o do atrofiamento da aura da obra de arte na era da reprodutibilidade técnica, um abalo da tradição em função das novas formas de organização social, em especial o fenômeno das massas característico da sociedade contemporânea. Alterava-se, assim, conforme aponta o autor, a relação entre obra de arte, sua aura e seu caráter de aparição única, tanto espacialmente quanto temporalmente. A existência das massas modifica a referida relação, pois um movimento para fazer as obras ficarem mais próximas de todos rompe com seu caráter de unicidade, deslocando o **valor de culto** das obras de arte em direção ao seu **valor de exibição**: "no momento em que o critério da autencidade deixa de aplicar-se à produção artística, toda a função social da arte se transforma" (Benjamin, 1994, p. 171).

Briggs e Burke (2004, p. 48) contemporizam a tese de Benjamin com o seguinte raciocínio: "se a aura da imagem se perde ou não, esta é uma hipótese difícil de testar; sempre é possível argumentar que a familiaridade com a reprodução aguça, em vez de saciar, o desejo de ver o original".

Alguns anos depois das declarações de Benjamin em *A obra de arte na era de sua reprodutibilidade* técnica, Adorno e Horkheimer (2002) publicaram "O Iluminismo como mistificação das massas", ensaio no qual apresentam uma crítica ao modelo de produção cultural como reprodutor de clichês, não de arte. Para esses autores, a apropriação da produção cultural pela indústria é prejudicial, no sentido de que sacrifica o que distinguiria a obra de arte em prol de vantagens econômicas. Como resultado, forma-se um público acrítico diante de objetos estandardizados vendidos como arte:

A cultura contemporânea a tudo confere um ar de semelhança. Filmes, rádio e semanários constituem um sistema. Cada setor se harmoniza em si e todos entre si. [...] O cinema e o rádio não têm mais necessidade de serem empacotados como arte. A verdade de que nada são além de negócios lhes serve de ideologia. Esta deverá legitimar o lixo que produzem de propósito. O cinema e o rádio se autodefinem como indústrias, e as cifras publicadas dos rendimentos de seus diretores-gerais tiram qualquer dúvida sobre a necessidade social de seus produtos.

Os interessados adoram explicar a indústria cultural em termos tecnológicos. A participação de milhões em tal indústria imporia métodos de reprodução que, por seu turno, fazem com que inevitavelmente, em numerosos

locais, necessidades iguais sejam satisfeitas com produtos estandardizados. O contraste técnico entre poucos centros de produção e uma recepção difusa exigiria, por força das coisas, organização e planificação da parte dos detentores. Os clichês seriam causados pelas necessidades dos consumidores: por isso seriam aceitos sem oposição. [...] Por hora a técnica da indústria cultural só chegou à estandardização e à produção em série, sacrificando aquilo pelo qual a lógica da obra se distinguia da lógica do sistema social. Mas isso não deve ser atribuído a uma lei de desenvolvimento da técnica enquanto tal, mas à sua função na economia contemporânea. A necessidade, que talvez pudesse fugir ao controle central, já está reprimida pelo controle da consciência individual. A passagem do telefone ao rádio dividiu de maneira justa as partes. Aquele, liberal, deixava ainda ao usuário a condição de sujeito. Este, democrático, torna todos os ouvintes iguais ao sujeitá-los, autoritariamente, aos idênticos programas das várias estações.
(Adorno; Horkheimer, 2002, p. 7-9)

Tendo em vista nossos objetivos, não discutiremos a obra de arte convertida em mercadoria ou a perda de sua aura, mas sua função como linguagem entendida como fonte histórica. Assim, as fontes visuais, audiovisuais e musicais precisam ser primeiramente entendidas em seu contexto, que é, de maneira geral, o dos meios de comunicação de massa e das expressões artísticas a eles vinculadas. Fotografia, cinema e música são, nesse sentido, expressões artísticas diretamente relacionadas com os meios de comunicação de massa e suas técnicas e tecnologias.

Desse modo, pensar a fotografia ao longo dos séculos XIX e XX é também considerar as técnicas e as tecnologias, o acesso a elas, suas formas de circulação e suas funções e finalidades. O mesmo vale para o cinema e a música. Igualmente, é preciso examinar esse tipo de fonte "em suas estruturas internas de linguagem e seus mecanismos de representação da realidade, a partir de seus códigos internos" (Napolitano, 2006, p. 237). Em suma, é fundamental analisar as informações intrínsecas a essas fontes tanto quanto as informações que lhes são extrínsecas, como destaca Napolitano (2006, p. 237-238, grifo do original) ao indicar a seguinte necessidade:

> *articular a linguagem técnico-estética das fontes audiovisuais e musicais (ou seja, seus códigos internos de funcionamento) e as representações da realidade histórica ou social nela contidas (ou seja, seu "conteúdo" narrativo propriamente dito).* Se essa é uma tendência cada vez mais forte entre os historiadores, que vêm questionando a transparência dos documentos, mesmo os documentos escritos, tradicionalmente considerados "objetivos" e diretos, para o caso dos documentos de natureza audiovisual ou musical, tal abordagem deve ser mais cuidadosa ainda, pois os códigos de funcionamento de sua linguagem não são tão acessíveis ao leigo quanto parece, exigindo certa formação técnica. Mesmo que o historiador mantenha sua identidade disciplinar e não queira se converter em comunicólogo, musicólogo ou crítico de cinema, ele não pode desconsiderar a especificidade técnica de linguagem, os suportes tecnológicos e os gêneros narrativos que se insinuam nos documentos audiovisuais, sob pena de enviesar a análise.

É necessário, portanto, ter em mente que essas fontes precisam ser lidas, entendidas, interpretadas e criticadas, o que exige que nenhum aspecto seja considerado irrelevante, seja ele estético, seja ele técnico. Com relação a fotografias, filmes e músicas, o que está sendo apresentado (o conteúdo), a plataforma de apresentação (a linguagem) e a forma de registro (técnicas e tecnologias envolvidas) se complementam como elementos que merecem atenção especial durante a análise.

Como ponto de partida, deve-se identificar e reunir informações que compõem a ficha técnica dessas fontes. A exemplo de outras obras de arte, como esculturas e pinturas, há algumas informações que são básicas: título, autoria, data, técnica, origem e acervo. No caso de filmes e músicas, a duração e o suporte, bem como o gênero e a forma, também são informações pertinentes.

Com a ciência de que linguagens como música, cinema e fotografia, quando entendidas como fontes históricas, têm especificidades a serem consideradas para o trabalho em sala de aula, é mister que as abordagens do docente sejam, de fato, amplas e profundas, de modo a explorar os potenciais que esse tipo de fonte oferece para a construção e o desenvolvimento do conhecimento histórico. Nesse sentido, reiteramos a orientação de Napolitano (2006, p. 238) de que "o uso de fontes audiovisuais e musicais [...] pode ir além da 'ilustração' do contexto ou do 'complemento *soft*' de outras fontes mais 'objetivas' (escritas ou iconográficas)".

Nas próximas seções, demonstraremos como cada um desses tipos de linguagem (música, fotografia e cinema) pode ser explorado nas aulas de história.

(3.2)
Música

O uso de músicas em sala de aula é uma prática adotada pela maioria dos professores. Apesar disso, nem sempre as músicas são exploradas de maneira a permitir que todo o seu potencial didático-pedagógico seja contemplado. Essa constatação decorre do fato de que a música, quando associada a outras disciplinas, caracteriza-se como uma linguagem autônoma. Por isso, é fundamental que o professor interessado em trabalhar com essa linguagem em sala de aula tenha domínio sobre ela. Aliás, isso acontece com qualquer linguagem. Acontece com a música, com o cinema, com a literatura, com a fotografia, com os quadrinhos e com todo tipo de linguagem que tem características próprias. É preciso, portanto, dominar a linguagem em questão para poder tirar o maior proveito possível dela em sala de aula.

No caso da música para as aulas de História, os docentes não precisam, necessariamente, ser profundos conhecedores de teoria musical – apesar de isso ajudar bastante. O mais importante é estabelecer pontes entre o conhecimento histórico e a música como expressão humana, que permite uma análise sob diversos enfoques, como o cultural, o social e o histórico.

Para pensar o uso de músicas como linguagem sonora/musical nas aulas de História, destacamos, inicialmente, a vantagem de a música apresentar uma linguagem comunicativa diferente da usual (Ferreira, 2010). Como ocorre com toda linguagem entendida como fonte histórica, é preciso atentar para os elementos intrínsecos e extrínsecos à fonte em questão, entre eles a articulação entre texto e contexto, isto é, entre música e contexto.

Aqui são válidas as orientações gerais para o uso de linguagens como fontes históricas nas aulas de História: é fundamental conhecer a linguagem em questão; selecionar a fonte a ser analisada; descrever a fonte indicando as informações que ela contém; mobilizar saberes e conhecimentos prévios para situar a fonte em seu contexto original e em relação a seu autor; e identificar e explorar a natureza da fonte para, por fim, explicar, interpretar e criticar a fonte escolhida. No caso da linguagem sonora/musical como fonte histórica, é preciso fazer a música "falar" diante dos questionamentos feitos a ela. Questões como quem é o autor, como ele se posiciona no contexto da obra, qual é a abrangência da música e do autor entre o público receptor e, também, no mercado são um caminho para a análise de uma música. O teor da música, sua letra, sua melodia e seu ritmo são igualmente reveladores, pois refletem escolhas e interesses dos criadores e produtores da música, conferindo significados a ela em seu contexto de criação/produção e ao longo do tempo. A música, com relação a seu conteúdo e seu autor, abre espaço para várias análises em perspectiva histórica na sala de aula, independentemente da abordagem escolhida.

Ressaltamos, mais uma vez, que a utilização de músicas nas aulas de História, assim como no caso de qualquer outra linguagem entendida como fonte histórica, deve ultrapassar a função ilustrativa, de "tapa-buraco". A advertência é importante, pois nossa experiência demonstra que muitas linguagens são usadas nas aulas sem uma função definida, servindo mais como enfeite ou demonstração de veracidade de determinado discurso – para confirmar certa versão – do que como uma metodologia que impulsiona o estudante em direção a leituras críticas em prol da construção do conhecimento histórico. Em outras palavras, não basta apresentar uma música aos estudantes, fazendo-os apenas escutá-la: é preciso um trabalho de contextualização inicial; de auxílio na leitura, destacando-se características estruturais e sutilezas; de condução para o fechamento da atividade, com a crítica e a atribuição de sentidos. Em síntese, não basta apenas apresentar uma música, é necessário selecionar a fonte e preparar os caminhos para a análise.

> A utilização de músicas nas aulas de História deve ultrapassar a função ilustrativa, de "tapa-buraco".

Tomemos como exemplo uma música de Chico Buarque, figurinha carimbada nas aulas e nos livros didáticos de História, especialmente quando se aborda o período da ditadura civil-militar brasileira – a canção "Mulheres de Atenas" também costuma ter lugar cativo em muitas aulas e livros didáticos de História. Aqui, optamos por uma música que, oficialmente, nem foi composta por Chico Buarque, e sim por Leonel Paiva e Julinho da Adelaide. A música em questão foi gravada por Chico Buarque e apareceu no *long-play* (LP) *Sinal fechado*, lançado em 1974, no qual Chico apenas interpreta outros compositores. Trata-se da canção "Acorda, amor", também de 1974:

Acorda, amor

Eu tive um pesadelo agora
Sonhei que tinha gente lá fora
Batendo no portão, que aflição
Era a dura, numa muito escura viatura
Minha nossa santa criatura
Chame, chame, chame lá
Chame, chame o ladrão, chame o ladrão

Acorda, amor
Não é mais pesadelo nada
Tem gente já no vão de escada
Fazendo confusão, que aflição
São os homens
E eu aqui parado de pijama
Eu não gosto de passar vexame
Chame, chame, chame
Chame o ladrão, chame o ladrão

Se eu demorar uns meses convém, às vezes, você sofrer
Mas depois de um ano eu não vindo
Ponha a roupa de domingo e pode me esquecer

Acorda, amor
Que o bicho é brabo e não sossega
Se você corre o bicho pega

> Se fica não sei não
> Atenção
> Não demora
> Dia desses chega a sua hora
> Não discuta à toa, não reclame
> Clame, chame lá, clame, chame
> Chame o ladrão, chame o ladrão, chame o ladrão
>
> (Não esqueça a escova, o sabonete e o violão)

Fonte: Holanda, 1989, p. 110.

Para descrever a música "Acorda, amor" seguindo o roteiro apresentado por Napolitano (2006), é preciso atentar para algumas informações: os **dados técnicos** – data de criação/produção, autoria e título; e os **aspectos da própria música**.

A música apresenta **aspectos poéticos** – como tema, existência do eu poético e seus interlocutores, léxico e sintaxe predominantes, rimas e formas poéticas – e **aspectos musicais** – como melodia, arranjo, andamento, entoação, gênero musical e eventual intertextualidade. Essas são informações que decorrem de quatro abordagens consideradas fundamentais por Napolitano (2006, p. 271):

- *a letra de uma canção, em si mesma, dá o sentido histórico-cultural da obra;*
- *o sentido assumido pela letra depende do "contexto sonoro" mais amplo da canção, tais como entoação, colagens, acompanhamentos instrumentais, efeitos eletroacústicos, mixagens;*
- *a letra ganha sentido na medida em que a sua materialidade sonora (palavras, fonemas, sílabas) está organizada conforme as alturas que constituem as frases melódicas de uma canção;*

- o sentido sociocultural, ideológico e, portanto, histórico, intrínseco de uma canção é produto de um conjunto indissociável que reúne: palavra (letra); música (harmonia, melodia, ritmo); performance vocal e instrumental (intensidade, tessitura, efeitos, timbres predominantes); veículo técnico (fonograma, apresentação ao vivo, videoclipe).

Com tais informações, é possível avançar na investigação e na análise musical, relacionando a música em questão com saberes e conhecimentos prévios, como o contexto histórico brasileiro em 1974. Nessa época, o país atravessava o período da ditadura civil-militar, que havia sido instaurada dez anos antes – no início da década de 1970, a repressão era mais contundente. É importante relacionar essas informações com outras da própria fonte e de seus autores, no caso, os compositores da música, Leonel Paiva e Julinho da Adelaide, acrescentando-se o intérprete Chico Buarque e seu LP, *Sinal fechado*.

Durante as referidas etapas de análise da música como fonte histórica, procede-se, simultaneamente, a dois tipos de decodificação, os quais Napolitano (2006) chama de **decodificação de natureza técnico-estética** e **decodificação de natureza representacional**. Mesmo assim, provavelmente ainda haverá lacunas na análise/investigação, como o provável desconhecimento dos compositores por parte dos aprendizes, como constatamos em experiências conduzidas tanto nos anos finais do ensino fundamental quanto no ensino médio. Aliás, merece menção o fato de que, no contexto dessas experiências, o referido desconhecimento não era privilégio de estudantes, já que muitos docentes também desconheciam os compositores, apesar de conhecerem a música em questão. Para resolver o problema, nada melhor do que adotar práticas de pesquisa histórica, a fim de entender melhor a fonte explorada. Isso significa que, às vezes, a fonte em si mesma não traz todos os elementos e informações necessárias para sua análise – leitura, entendimento, explicação, interpretação e crítica –, exigindo que se busquem outras referências e, eventualmente, fontes complementares.

Uma entrevista publicada em setembro de 1974 no jornal *Última Hora*, concedida por Julinho da Adelaide a Mário Prata, pode ser acrescentada como fonte complementar, pois possibilita que se conheça melhor um dos compositores – que, na verdade, era o próprio Chico Buarque, ou melhor, o heterônimo por ele criado como forma de driblar a censura. Além disso, o fato de Chico usar um heterônimo também permite que sejam levantados questionamentos sobre a censura e a importância desse artista no cenário da época (Por que Chico não podia usar o próprio nome, mas conseguia lançar músicas compostas por outros compositores?).

Constitui-se, assim, um conjunto de informações que permitem explicar a fonte, a música "Acorda, amor", de modo que os alunos possam apresentar a própria interpretação crítica desse objeto.

Essa é uma forma de explorar a linguagem sonora/musical entendida como fonte histórica, a qual não assume função meramente ilustrativa ou de (re)afirmação de determinado discurso, possibilitando que os aprendizes identifiquem, verifiquem e até contraponham informações disponíveis a fim de construir as próprias explicações para o passado, as próprias narrativas historicamente inteligíveis e plausíveis.

(3.3)
Fotografia

Como apresentado anteriormente, Benjamin (1994) afirmou que a fotografia liberou a mão das responsabilidades artísticas mais importantes, que passaram a caber unicamente ao olho. Podemos concordar, ou não, que a aura, aquela esfera de autenticidade das obras de arte, deixou de existir com os processos de reprodução técnica. Por outro lado, podemos levar em consideração, ou não, a afirmação de Barthes (1984) de que a fotografia, apesar da possibilidade de reprodução técnica, registra um momento único que jamais se repetirá.

A fotografia nasceu na primeira metade do século XIX e ainda permanece como uma das linguagens visuais mais difundidas na sociedade contemporânea.

Quando de seu surgimento, uma das funções da fotografia era captar com mais realismo as imagens – praticamente uma inovação técnica com relação ao trabalho dos pintores, a exemplo dos retratistas. Em outras palavras, a técnica da fotografia deveria fazer mais rápido e de maneira mais fiel o que um pintor fazia. Como era de se esperar, a questão gerou polêmicas e discutiu-se muito se fotografias deveriam competir com pinturas e se poderiam ser consideradas um tipo de arte. Desde então, muita água rolou e, atualmente, considera-se a fotografia uma expressão artística que não suprimiu a pintura, mas conquistou seu espaço.

Sejam resultado do interesse de registro, sejam resultado da necessidade de expressão, as fotografias ampliam nossa capacidade de compreender o mundo ao redor, ao mesmo tempo que aguçam nossa sensibilidade com relação ao belo e à beleza. Elas fazem parte de nosso dia a dia na medida em que temos necessidade de perpetuar determinados momentos para posterior deleite, registrando o que é considerado mais interessante. E aí começa o trabalho de quem deseja explorar a linguagem da fotografia como fonte histórica nas aulas de História, em que é preciso questionar: Por que escolhemos fotografar determinado momento e não outro? Por que escolhemos fotografar determinado objeto e não outro? Somemos a esses questionamentos mais um: A fotografia é, de fato, a reprodução do real?

Para os historiadores e os docentes de História, as respostas para tais perguntas são muito importantes, pois permitem escolher entre procedimentos e abordagens distintas para a análise de uma fotografia em perspectiva histórica. É certo que uma fotografia é a reprodução do real, afinal, o que ela mostra é realmente o que, em determinado tempo e lugar, estava diante das lentes de uma câmera quando o obturador se abriu. No entanto, existem alguns processos, como o de captação/registro, o de tratamento e o de reprodução, os quais possibilitam que se proceda a manipulações deturpativas da realidade que se pretendeu mostrar, o que pode fazer da fotografia uma fraude, como explica Sontag (2003, p. 42): "uma foto [...] é considerada uma fraude quando se revela que engana o espectador quanto à cena que se propõe retratar". A fotografia, portanto, é verdade, é aquilo que o fotógrafo viu, desde que não haja algum embuste ou deturpação.

Existem montagens e encenações que acabam decepcionando o espectador. Um exemplo é a fotografia de Robert Doisneau para a revista *Life*, em 1950, na qual um casal supostamente aparecia beijando-se espontaneamente na calçada perto do Hôtel de Ville, em Paris. Quatro décadas depois, revelou-se que se tratava de uma encenação a pedido do próprio fotógrafo. Também há casos de algumas fotografias que documentam vitórias bélicas, muitas das quais são resultado de encenações ou montagens:

> *Se só admitirmos como autênticas as fotos de guerra que resultem de o fotógrafo ter estado perto, com o obturador aberto e no momento exato, poucas fotos que documentam vitórias receberão o certificado de autenticidade. Tomemos o ato de fincar a bandeira numa elevação enquanto a batalha perde o ímpeto. A famosa foto do levantamento da bandeira americana em Iwo Jima, no dia 23 de fevereiro de 1945, vem a ser uma "reconstrução" feita por um fotógrafo da Associated Press, Joe Rosenthal,*

com base na foto da cerimônia matinal do hasteamento da bandeira que se seguiu à captura do monte Suribachi, ocorrida mais tarde naquele dia, e com uma bandeira maior. (Sontag, 2003, p. 49)

Encenadas ou não, as fotografias são uma linguagem que, entendida como fonte histórica, oferece condições de promover o raciocínio histórico dos estudantes, de forma que eles possam ler, identificar, explicar, interpretar e criticar as informações relacionadas a uma fotografia. A escolha cuidadosa da fotografia a ser explorada deve trazer novas informações a respeito da temática a ser contemplada na aula de História, de forma a apresentar aspectos diversos de determinado contexto, como a vida social, material e cultural em lugar e tempo específicos.

As fotografias estão cada vez mais presentes nas aulas de História, a começar pelos livros didáticos, que as reproduzem em numerosa quantidade, e pelos próprios professores, que organizam seus materiais de aula usando e abusando da linguagem fotográfica em suas apresentações de *slides*. Contudo, assim como acontece com outras linguagens, é costumeiro encontrar fotografias subutilizadas, tanto nos livros didáticos quanto nas apresentações de professores – fotografias que aparecem ilustrando mais do que servindo, de fato, como uma fonte histórica a ser explorada em busca de entendimento, interpretação e crítica.

A referida subutilização pode decorrer de diversos fatores, entre eles o fato de que a visualização de fotografias tornou-se algo trivial, realizado de maneira mecânica e sem um olhar mais apurado que refine a percepção do observador (Bittencourt, 2008). Em razão da banalização do ato de observar fotografias e, devemos acrescentar, de uma reiterada negligência com relação ao fornecimento de suas informações técnicas – autor, data, local etc. –, há outras dificuldades no uso de fotografias como fontes históricas, como as leituras apressadas, invariavelmente equivocadas, e a ausência de informações de referência a respeito da imagem como fonte.

Em muitos casos, as fotografias são apresentadas sem as devidas informações acerca de seu autor (fotógrafo ou fotógrafa) e da data e local da captura/registro, o que dificulta, mas não impossibilita, o trabalho de análise e investigação. A máxima de que uma imagem vale mais que mil palavras pode até ser verdadeira, mas não deve esconder o fato de que, para docentes que desejam explorar a fotografia como fonte histórica, informações extrínsecas também revelam detalhes fundamentais para o entendimento e a explicação de determinado registro fotográfico.

Uma fotografia do Domingo Sangrento, ocorrido em 22 de janeiro de 1905, em São Petersburgo, por exemplo, é bastante recorrente em livros didáticos e apresentações de professores (Figura 3.1). A foto revela uma fileira de soldados com suas espingardas apontadas para um aglomerado de pessoas que aparecem ao fundo, como se estivessem fugindo em direção ao canto superior esquerdo da cena fotografada. Não foi possível encontrar informações sobre o fotógrafo que registrou o momento, mas podemos ler algumas informações na própria imagem, como as vestimentas dos soldados, todos de sobretudos e chapéus. Não é possível visualizar detalhes das pessoas fugindo. Entre elas e os soldados, há um imenso campo branco. Ao fundo, há a fachada de um edifício de grandes proporções, considerando-se sua dimensão em comparação com a das pessoas à sua frente.

Figura 3.1 – Domingo Sangrento na Rússia, em 22 de janeiro de 1905[1]

CBW / Alamy / Fotoarena

Ao mobilizarmos conhecimentos prévios para relacionar com o contexto da fotografia, podemos supor que, fundamentados em outras informações sobre o referido episódio histórico, os soldados estavam protegendo o Palácio de Inverno do Czar Nicolau II. Se essa suposição procede, podemos concluir que o fotógrafo estava no próprio palácio, a considerar o enquadramento da fotografia. Estando dentro do palácio, teria ele, com as tecnologias disponíveis na ocasião, condições de efetuar aquele registro? Estando dentro do palácio, é correto supor que o fotógrafo era alguém com livre trânsito nas dependências em que circulava o czar, não é mesmo? Assim, qual teria sido o objetivo do registro, já que o episódio depunha contra o

---

1   Nessa ocasião, uma petição deveria ser entregue ao czar no Palácio de Inverno, em São Petersburgo.

próprio czar e seu governo? Ainda, como tal fotografia tornou-se de conhecimento público?

São apenas algumas conjecturas baseadas na fotografia e relacionadas a outras informações sobre aquele contexto, que nos levam à etapa de identificação e explicação da fonte. Para que serviria uma fotografia registrando o massacre perpetrado pelas tropas czaristas tirada de dentro do próprio palácio do czar? Para quem foi tirada a foto? Quais seriam as intenções e a finalidade da fotografia? De que maneira a fotografia representa os acontecimentos ocorridos na Praça do Palácio? Tais questionamentos podem levar a uma resposta baseada na análise da fonte em conjunto com outras informações daquele contexto?

Enfim, o que procuramos demonstrar com o breve exemplo da fotografia do Domingo Sangrento de 1905 é que é preciso questionar todas as fontes e, no caso das fotografias, tentar verificar a autenticidade, ou não, do registro fotográfico. Obviamente, a fotografia apresenta um registro do real, mas a questão que deve ser levantada é: Trata-se de um registro de qual realidade? Como carecemos de mais informações que nos possibilitem chegar a mais conclusões, podemos dizer que a referida fonte é, no mínimo, questionável com relação à sua autenticidade. Nesse caso, terá sido a referida fotografia fruto de uma encenação ou montagem? Alguns pesquisadores acreditam que sim, que seja um registro das filmagens realizadas para um filme de 1925 que teve como temática central os acontecimentos daquele Domingo Sangrento. Há elementos que corroboram essa tese, como o fato de que, em 1925, já vigorava a União das Repúblicas Socialistas Soviéticas (URSS), ou seja, havia um grande aparato midiático que buscava referendar a Revolução Russa de 1917 e reforçar uma imagem negativa do sistema czarista.

Uma fotografia jamais é algo sem justificativa, sem intenção. Uma fotografia é resultado de uma motivação, ou seja, é o registro de um ponto de vista.

A maneira como a fotografia é disponibilizada para os observadores é outro fator relevante. Esse aspecto também precisa ser considerado quando analisamos uma fotografia na perspectiva histórica. Como exemplo, tomemos o caso do fotojornalista Teixeira, profissional responsável por interessantes registros fotográficos do período da ditadura civil-militar brasileira. Com suas lentes, Teixeira registrava o que via, o que presenciava. No entanto, suas fotografias daquele período, da maneira como eram publicadas, tinham a função de comunicar outras informações. A fotografia de um cabo da aeronáutica caído de sua moto em uma comitiva ao Grão-Duque de Luxemburgo (Figura 3.2) é, nesse sentido, exemplar.

Figura 3.2 – Queda de um cabo da Aeronáutica em uma comitiva ao Grão--Duque de Luxemburgo, em 17 de setembro de 1965

TEIXEIRA, E. **A queda da moto**. 1965 . 1 fot.: p&b.

Tomada isoladamente, a fotografia de 17 de setembro de 1965 pode ser analisada por seus aspectos estéticos – enquadramento, luz, brilho, contraste etc. Já ao ser contraposta ao seu contexto original, ao de seu autor e à forma como se tornou pública (disponível aos observadores), a mesma fotografia permite outras explicações e interpretações. Ela foi publicada na primeira página do *Jornal do Brasil*, em 18 de setembro de 1965, exibindo como título "A liberdade da motocicleta", acompanhada da seguinte legenda:

> Uma fotografia jamais é algo sem justificativa, sem intenção. Uma fotografia é resultado de uma motivação, ou seja, é o registro de um ponto de vista.

Uma pequena derrapagem da motocicleta e o garboso batedor da comitiva do Grão-Duque de Luxemburgo, Cabo Costa, da Aeronáutica, viu-se na situação caótica do gaúcho intrépido, mas desequilibrado: caiu e girou sobre si mesmo, enquanto a motocicleta seguiu seu caminho de completa liberdade por mais de 100 metros, até dar no meio-fio em frente à Escola de Enfermagem Ana Neri, no aterro de Botafogo. O batedor Costa, além de rodopio, nada mais sofreu, mas a motocicleta, vítima de uma liberdade para a qual não estava preparada, incendiou-se no fim de sua jornada e ficou totalmente destruída (Jornal do Brasil, 1965, p. 1)

Depois de observarmos a foto detalhadamente, de acionarmos conhecimentos prévios para situar a fonte em seu contexto e com relação ao seu autor, devemos identificar a função e o objetivo da publicação da fotografia, explicando-a de maneira relacionada às demais informações arroladas. Com isso, é possível interpretar e criticar a fonte. A queda do Cabo Costa em si nada tem de importante para o contexto histórico brasileiro em 1965, mas, articulando as informações reunidas, podemos considerar que, de modo simbólico, a queda do militar e a permanência da moto andando sozinha representam a repressão dando lugar à incapacidade na condução, a dicotomia entre a fragilidade da força e a liberdade sonhada.

Outro exemplo de como uma fotografia atende a determinados interesses tanto no momento de sua captura como na forma de sua disponibilização para os observadores é o caso do registro da fotógrafa Annie Leibovitz para uma campanha publicitária da marca de bolsas e malas Louis Vuitton. A fotografia, que circulou em periódicos diários e semanais durante o mês de julho de 2007, exibe o interior de uma limusine diante das ruínas do Muro de Berlim. No interior do veículo, sentado no banco traseiro, está Mikhail Gorbachev com uma bolsa da marca ao seu lado.

A fotografia de Leibovitz é resultado de uma encenação: ela foi previamente planejada para compor uma campanha publicitária, isto é, trata-se de uma fotografia encomendada. A presença de Gorbachev tem uma finalidade específica para a campanha, que solicitou a participação de personalidades internacionais para destacar seus produtos entre o público masculino.

Como fonte histórica, a fotografia de Leibovitz encerra uma intertextualidade muito significativa: reúne no mesmo instante o ex-presidente soviético, o Muro de Berlim e um produto da grife de luxo Louis Vuitton, em 2007. O Muro de Berlim havia caído quase 18 anos antes. A URSS estava extinta havia mais de quinze anos. A marca de bolsas e malas existe há mais de 150 anos. Todas essas informações auxiliam na leitura e explicação da fotografia como fonte histórica, de modo que possamos identificar sua função e as intenções em sua publicação e nos posicionar de maneira crítica, atribuindo sentidos possíveis à fotografia.

Com os exemplos apresentados, esperamos ter indicado possibilidades de abordagem para a linguagem da fotografia entendida como fonte histórica. De acordo com Barthes (1984, p. 127-129), "toda fotografia é um certificado de presença", e assim devemos olhar para essa arte, pois "a fotografia não fala (forçosamente) **daquilo que não é mais**, mas apenas e com certeza **daquilo que foi**. Essa sutileza é decisiva" [grifo do original].

(3.4)
CINEMA

Antes de tratarmos do uso do cinema nas aulas de História, uma ressalva: consideraremos aqui, como cinema, a produção voltada para exibição em salas de projeção. Nossa opção não significa que outros tipos de produção cinematográfica ou audiovisual – vídeos educativos, programas televisivos, vídeos produzidos para outros suportes (exibição exclusiva na internet, por exemplo) – não possam ser explorados nas aulas de História. Como são vastas as formas como a linguagem audiovisual se apresenta, decidimos delimitar nosso campo de análise e reflexão, focando diretamente o cinema comercial que, graças às técnicas e tecnologias disponíveis – DVDs e internet, por exemplo –, pode ser aproveitado pelos docentes.

Aulas de História que exploram o cinema como recurso acontecem há tempos. A utilização desse tipo de produção em sala começou com o uso de projetores e videocassetes, passando posteriormente aos DVD *players* e, atualmente, aos projetores multimídia. Os projetores de películas eram mais difíceis de utilizar, pois demandavam conhecimento técnico e todo um preparo para a exibição. Os videocassetes facilitaram o trabalho em sala de aula, apesar dos inconvenientes de ter de rebobinar as fitas a cada aula e contar com a sorte para acertar exatamente o trecho planejado para exibição. Os DVD *players* otimizaram ainda mais as práticas, com recursos digitais de avançar e voltar o disco até o trecho desejado. Com os computadores, os *notebooks* e os projetores multimídia, a tarefa de exibir filmes em sala de aula ganhou agilidade e funcionalidade, mas exigiu novos conhecimentos técnicos.

Em muitas escolas brasileiras, ainda é possível encontrar videocassetes disponíveis para utilização, apesar de ficarem relegados à poeira e ao esquecimento. Nas escolas que dispõem de projetores multimídia, seu uso é cada vez maior. Contudo, isso não significa que as práticas educativas tenham mudado, pelo menos não de maneira geral. O que ocorre com maior frequência é o uso dos projetores multimídia para a apresentação de várias linguagens, entre elas o cinema, porém sem os devidos cuidados que o trabalho com esse tipo de linguagem exige. Não são raras as ocasiões em que professores exibem um filme inteiro para seus alunos dos anos finais do ensino fundamental sem a devida contextualização ou debate. Logo, como salientamos anteriormente, esse uso é apenas ilustrativo, um "tapa-buraco" que não contribui para a construção e o desenvolvimento do conhecimento histórico.

Existe uma situação muito comum nas escolas: na ausência/falta de um dos professores, exibe-se um filme qualquer para os estudantes, com o único intuito de ocupar o tempo. Esse tipo de prática persiste, mas deve ser evitada a todo custo, pois contribui para uma percepção equivocada do uso de filmes em sala de aula por parte dos aprendizes. Usar o cinema em sala de aula é utilizar uma linguagem que tem elementos específicos que precisam ser considerados com cuidado e atenção: "trabalhar com o cinema em sala de aula é ajudar a escola a reencontrar a cultura ao mesmo tempo cotidiana e elevada, pois o cinema é o campo no qual a estética, o lazer, a ideologia e os valores sociais mais amplos são sintetizados numa mesma obra de arte" (Napolitano, 2010, p. 11).

Para as aulas de História, os filmes históricos são os mais comuns[2], por tratarem de eventos específicos que têm relação direta com a temática contemplada em sala de aula. No entanto, como todas as fontes históricas e a própria historiografia, em geral, um filme histórico revela mais sobre a sociedade que o criou do que sobre o período histórico abordado.

Napolitano (2010) chama a atenção para as armadilhas recorrentes no uso do cinema em aulas de História, principalmente de filmes históricos – mais especificamente o **anacronismo** e o **efeito de super-representação fílmica**:

> *O anacronismo ocorre quando os valores do presente distorcem as interpretações do passado e são incompatíveis com a época representada. No filme histórico, ele pode decorrer não apenas da liberdade poética dos criadores do filme e das adaptações necessárias para que ele agrade ou atinja determinado público, mas também do fato de a representação do passado*

---

2 *Ao afirmarmos que os filmes históricos são os mais comuns, desejamos registrar que tais filmes são mais utilizados, mas não são os únicos a aparecer nas aulas de História. Entre os diversos estilos presentes nas aulas de História da educação básica, destacam-se também os documentários, gênero que igualmente apresenta suas peculiaridades. Mais uma vez, alertamos que os docentes precisam saber diferenciar um filme como fonte histórica de um filme como fonte de trabalho. Tomemos como exemplo os documentários, que podem ser tanto fontes históricas (primárias ou secundárias) como fontes de trabalho. O uso dos documentários nas aulas de História exige, talvez, mais cuidado do que o uso de um filme histórico ou outro estilo de filme, pois os documentários se apresentam como uma representação do passado com determinado discurso embutido, assemelhando-se, guardadas as devidas particularidades, ao discurso do livro didático e do próprio docente. Em suma, o que pretendemos dizer é que os documentários podem ser entendidos como uma versão mais avalizada de determinado passado, muitas vezes utilizado como elemento corroborador do discurso docente ou simplesmente como modo de atestar o discurso do livro didático. Desse modo, apesar das inúmeras possibilidades que os documentários oferecem para o trabalho em sala de aula, preterimos esse estilo cinematográfico na presente obra.*

> *no cinema estar perpassada por questões contemporâneas ao momento histórico que produziu o filme.*
>
> *[...] o efeito da super-representação pode ser particularmente forte em crianças mais novas, decorrente da força que a imagem (particularmente a imagem fílmica) possui como experiência simulada da realidade. Também conhecido como efeito "túnel do tempo", essa experiência pode induzir a uma assimilação direta, sem mediações, da representação fílmica como simulacro da "realidade histórica".* (Napolitano, 2010, p. 38-39)

Além dos filmes históricos, outros filmes podem, e devem, ser utilizados nas aulas de História. Todavia, devemos ressaltar que cinema é manipulação, o que exige atenção com relação aos elementos específicos dos filmes. Por isso, é importante buscar neles informações para identificar as relações entre o discurso cinematográfico e seu contexto de criação, seus diferentes sentidos, as incertezas e tensões existentes, enfim, os elementos característicos da linguagem do cinema, ou linguagem fílmica. Nesse sentido, Napolitano (2006, p. 276, grifos do original) ressalta:

> *O que importa é **não analisar o filme** como "espelho" da realidade ou como "veículo" neutro das ideias do diretor, mas como o **conjunto de elementos, convergentes ou não, que buscam encenar uma sociedade, seu presente ou seu passado, nem sempre com intenções políticas ou ideológicas explícitas**. Essa encenação fílmica da sociedade pode ser realista ou alegórica, pode ser fidedigna ou fantasiosa, pode ser linear ou fragmentada, pode ser ficcional ou documental. Mas é sempre encenação, com escolhas predeterminadas e ligadas a tradições de expressão e linguagem cinematográfica que limitam a subjetividade do diretor, do roteirista, do ator. É nessa tensão que se deve colocar a análise [...].*

Para as aulas de História, o destaque de Napolitano é extremamente válido, mas não devem ser esquecidas também as informações extrínsecas ao filme analisado, como o contexto de criação, informações sobre o diretor e os atores escalados, a recepção da crítica especializada e do espectador comum e a indicação de classificação etária e censura.

Outra questão importante para os docentes é como utilizar o filme em sala de aula, do ponto de vista técnico e organizativo. Para isso, o professor deve avaliar:

- as condições da sala de aula – se ela é ou não adequada para a exibição;
- as condições dos aparelhos utilizados (televisores, DVD *players* e projetores multimídia) – se estão disponíveis e funcionando;
- a duração do filme;
- a disponibilidade do próprio filme e de tempo para exibição;
- a adequação à faixa etária dos estudantes.

É necessário salientar que o uso de um filme na íntegra é sempre uma solução ideal, mais completa e adequada para explorar a linguagem do cinema como fonte histórica na sala de aula. Entretanto, nem sempre o ideal é possível e viável no campo da realidade. Consideremos a maioria dos filmes comerciais produzidos ao longo da História do cinema, que têm duração média entre 90 e 120 minutos, tempo muito superior aos 45/50 minutos das aulas. Então, como resolver esse problema? As sugestões mais diretas e objetivas para tentar exibir um filme na íntegra são: aproveitar aulas conjugadas; negociar aulas com colegas; e propor um trabalho interdisciplinar. Sendo viável, uma alternativa é exibir o filme no contraturno – nesse caso, pode não haver disponibilidade de todos os estudantes.

Diante das dificuldades de se exibir um filme integralmente, uma opção é trabalhar com o filme editado, selecionando-se trechos para a observação e análise dos estudantes, o que exigirá, por sua vez, um tempo destinado à contextualização da própria obra cinematográfica, a fim de que eles possam ter ideia do conjunto. A escolha pelo trabalho com filmes editados, isto é, com trechos selecionados, é sempre pessoal, refletindo os gostos, as preferências e os interesses do professor. Logo, é preciso ter um cuidado especial para não cair na armadilha de utilizar um filme apenas para reiterar determinada opinião ou reforçar determinado ponto de vista, afinal "o professor [...] não está reproduzindo o filme para si mesmo, para o seu próprio deleite intelectual ou emocional" (Napolitano, 2010, p. 19).

Entre outros cuidados básicos, Napolitano (2010, p. 19-20) sugere que sejam feitas algumas perguntas que podem orientar as escolhas e as abordagens:

a. *Qual o objetivo didático-pedagógico geral da atividade?*
b. *Qual o objetivo didático-pedagógico específico do filme?*
c. *O filme é adequado à faixa etária e escolar do público-alvo?*
d. *O filme pode e deve ser exibido na íntegra ou a atividade se desenvolverá em torno de algumas cenas?*
e. *O público-alvo já assistiu a algum filme semelhante?*

[...] Em síntese, dois tipos de cuidados prévios são necessários para a seleção e abordagem dos filmes no ambiente escolar:

a. *Adequação à faixa etária (a censura classificatória dos filmes pode ajudar neste sentido) e etapa de aprendizagem escolar (ciclos, séries, níveis).*
b. *Adequação ao repertório e aos valores socioculturais mais amplos e à cultura audiovisual específica do grupo de alunos envolvido na atividade.*

Tempos modernos (1936), *Spartacus* (1960), *O nome da rosa* (1986) e *1492: a conquista do paraíso* (1992) são alguns filmes que aparecem com frequência nas aulas de História. *Tempos modernos*, de Charles Chaplin, talvez seja o mais recorrente entre os quatro filmes citados. Usado quando a temática é a Revolução Industrial, essa obra apresenta uma cena de destaque com Chaplin sendo engolido pelas engrenagens das máquinas. A versão de Stanley Kubrick de *Spartacus* tem mais de três horas de duração. Quando a aula trata do Império Romano e da escravidão, *Spartacus* aparece como alternativa. Quando se aborda a Idade Média na Europa, *O nome da rosa*, de Jean-Jacques Annaud, tende a ter presença certa. Já o filme *1492: a conquista do paraíso*, de Ridley Scott, aparece nas aulas sobre o processo de expansionismo marítimo europeu.

Considerando os referidos filmes, propomos a seguir algumas questões para reflexão sobre o uso da linguagem do cinema como fonte histórica.

- ***Tempos modernos***: Do ponto de vista técnico, como era a produção cinematográfica na década de 1930? Como o diretor representa a temática central do filme? Como o filme foi recebido pelos espectadores? Alguns trechos são suficientes para tratar do tema da Revolução Industrial?
- ***Spartacus***: Qual é o contexto de produção do filme? Qual é o posicionamento político do diretor Stanley Kubrick? Como a questão da luta de classes é representada no filme? Além da questão da escravidão, temáticas como religião, organização social e cultura podem ser exploradas com base no filme? É mais conveniente exibir o filme na íntegra ou selecionar trechos?
- ***O nome da rosa***: Como o filme representa a obra homônima de Umberto Eco? A estrutura religiosa representada é verossímil? A intertextualidade presente na obra merece destaque? É mais conveniente exibir o filme na íntegra ou selecionar alguns trechos?
- ***1492: a conquista do paraíso***: O ano de lançamento do filme deve ser considerado na análise? O filme representa o contexto da época abordada com imparcialidade? De que forma são representadas questões como a esfericidade da Terra e as relações entre os nativos americanos e os europeus?

Não se trata de um roteiro para a utilização dos filmes em sala de aula, mas de algumas perguntas cujas respostas podem servir como base para o trabalho docente. Nas perguntas indicadas, o objetivo é identificar algumas informações que são intrínsecas e outras que são extrínsecas aos filmes, além daquelas que auxiliarão na parte organizativa para a exibição em sala de aula.

Por fim, apresentamos algumas sugestões e reforçamos outras para que o uso da linguagem do cinema como fonte histórica contribua, de fato, para a construção e o desenvolvimento do conhecimento histórico: conhecer características da linguagem do cinema, bem como escolher com atenção o filme a ser trabalhado; assistir ao filme quantas vezes considerar necessário, mapeando e definindo o que é mais relevante para os propósitos da aula (questões como classificação de faixa etária e se o filme será exibido na íntegra ou serão selecionados apenas alguns trechos); destacar que os filmes são, sempre, uma encenação; ter em mente que os filmes não são apenas um complemento da aula, mas um de seus elementos; organizar e planejar a abordagem para o filme escolhido em função do público--alvo a ser contemplado.

Síntese

Neste capítulo, priorizamos a discussão a respeito do uso de linguagens visuais, audiovisuais e sonoras entendidas como fontes históricas nas aulas de História. Para isso, tratamos do trabalho com a música, a fotografia e o cinema, apresentando as características comuns às linguagens visuais e audiovisuais em geral e destacando as especificidades de cada uma delas em particular. Como fontes históricas, procuramos demonstrar, por meio de exemplos, possíveis estratégias de investigação que podem ser empregadas nas aulas de História, tanto nos aspectos metodológicos quanto nos técnicos.

Atividades de autoavaliação

1. Sobre as linguagens visuais, audiovisuais e sonoras para as aulas de História, assinale a alternativa correta:
   a) O cinema, no século XXI, pode ser considerado uma linguagem inovadora nas aulas de História.
   b) A música nas aulas de História possibilita uma abertura que é um segundo caminho comunicativo além do verbal.
   c) A fotografia, como linguagem entendida como fonte histórica, sempre está presente nas aulas de História, pois aparece em todos os livros didáticos.
   d) Linguagens visuais e audiovisuais só passaram a fazer parte das aulas de História nas últimas décadas do século XX, em função das técnicas e tecnologias disponíveis.

2. Analise as afirmações a seguir sobre a música nas aulas de História:
   i) A música, em conjunto com a utilização de outras linguagens, tem o potencial de favorecer o processo de construção e desenvolvimento do conhecimento histórico.
   ii) A música, por ser uma expressão humana rica e universal, é também complexa e intrincada, devendo seu uso em sala de aula ser evitado.
   iii) A música, como linguagem específica, apresenta barreiras aos professores que desejam fazer uso dela, mas não a dominam, fato que não deve ser encarado como impeditivo para a utilização desse recurso.
   iv) A música deve ser utilizada como única fonte de trabalho nas aulas de História, pois sozinha dá conta de apresentar todas as informações necessárias para os estudantes.

Agora, assinale a alternativa correta:

a) Apenas as afirmações I e III são corretas.
b) Apenas as afirmações I e IV são corretas.
c) Apenas as afirmações II e IV são corretas.
d) Apenas as afirmações II e III são corretas.

3. Sobre a fotografia nas aulas de História, assinale a alternativa correta:
   a) Fotografias sempre revelam, autenticamente, a realidade histórica.
   b) Fotografias registram a realidade e não podem ser manipuladas.
   c) Fotografias registram o momento real, o que não significa que representem a verdade.
   d) Fotografias, por serem o registro do real, não precisam ser acompanhadas de informações como autoria e data do registro.

4. Analise as afirmações a seguir sobre o cinema nas aulas de História:
   i) O cinema é uma linguagem que, quando bem explorada, permite que os estudantes criem soluções para problemas diversos, formulem novas hipóteses e reinterpretem velhas proposições.
   ii) O cinema deve reiterar determinada versão da História, pois é fundamental apresentar um único ponto de vista, de modo que os estudantes tenham todos as mesmas opiniões.
   iii) Em razão das múltiplas mensagens presentes no cinema, ele pode ser considerado uma linguagem apropriada para que os estudantes desenvolvam diferentes habilidades de decodificação.

iv) O uso do cinema nas aulas de História deve ser evitado por, pelo menos, dois motivos: 1) favorece análises históricas mais apuradas; e 2) é confundido com um momento de recreação.

Agora, assinale a alternativa correta:

a) Apenas as afirmações II e IV são corretas.
b) Apenas as afirmações II e III são corretas.
c) Apenas as afirmações I e III são corretas.
d) Apenas as afirmações I e IV são corretas.

5. Analise as afirmações a seguir sobre o uso das linguagens visuais, audiovisuais e sonoras nas aulas de História:

i) Explorar a música em sala de aula é explorar outras linguagens, permitindo aprendizagens significativas.

ii) O uso do cinema só é válido se forem selecionados filmes históricos, ou seja, aqueles que apresentam como temática determinado fato histórico.

iii) Músicas, fotografias e filmes são linguagens que, em razão de suas características, não demandam questionamento dos historiadores ou professores de História, pois representam a realidade histórica.

iv) Linguagens visuais e audiovisuais entendidas como fontes históricas ampliam as possibilidades de investigação das formas de pensamento de determinada época nas aulas de História.

Agora, assinale a alternativa correta:

a) Apenas as afirmações I e II são corretas.
b) Apenas as afirmações II e III são corretas.

c) Apenas as afirmações I e III são corretas.
d) Apenas as afirmações I e IV são corretas.

Atividades de aprendizagem

Questões para reflexão

1. Selecione uma música para ser utilizada em uma possível aula de História e pense em um roteiro para explorar essa linguagem sonora/musical em sala. Lembre-se de relacionar a escolha da música com alguns questionamentos elementares para a organização do planejamento da sequência didática: O que será ensinado? Para que será ensinado? Como será ensinado?

2. O uso de linguagens diversificadas não deve servir como ilustração ou mero complemento de uma aula. Assim, organize um quadro comparativo para as linguagens visuais e audiovisuais trabalhadas neste capítulo, diferenciando o uso meramente ilustrativo do uso das linguagens entendidas como fontes históricas e destacando as principais distinções entre os dois usos.

Atividade aplicada: prática

1. Elabore o planejamento de uma sequência didática para aulas de História com base nas seguintes diretrizes:
   - **público-alvo** – estudantes dos anos finais do ensino fundamental;
   - **assunto/tema** – livre, desde que relacionado ao contexto histórico do século XX;
   - **linguagens visuais, audiovisuais e sonoras** – duas ou mais.

Considerando essas diretrizes, escolha as linguagens entendidas como fontes históricas que serão exploradas na sequência didática e organize as etapas de execução do planejamento articulando as fontes selecionadas. Por fim, se possível, coloque o planejamento em prática.

Norton Frehse Nicolazzi Junior

Capítulo 4
Artes plásticas e arquitetura nas aulas de História

Prosseguindo em nossa apresentação de diferentes linguagens que podem ser usadas como recursos didático-pedagógicos em sala de aula, neste capítulo abordaremos as artes plásticas e a arquitetura (linguagens visuais). O recorte proposto contempla a escultura, a pintura, a arquitetura urbanística (cidades) e a arquitetura residencial (moradias). Antes, porém, faremos uma breve contextualização do uso dessas artes nas aulas de História.

(4.1)
Artes plásticas nas aulas de História

Ernst Gombrich (2008, p. 15) inicia sua célebre obra *A história da arte* afirmando que nada "existe realmente a que se possa dar o nome Arte. Existem somente artistas". Um quadro, uma escultura, um edifício, uma fonte, uma ponte, uma cadeira, enfim, tudo pode ser arte, já que cada coisa é resultado de uma produção consciente que concretiza determinado ideal de beleza e harmonia ou expressa a subjetividade humana (Houaiss; Villar, 2009). Conforme Gombrich (2008, p. 15), "prejudica ninguém dar o nome de arte a todas essas atividades, desde que se conserve em mente que tal palavra pode significar coisas muito diversas, em tempos e lugares diferentes".

Antigamente, algumas pessoas com um punhado de terra colorida registravam bisões nas paredes de uma caverna; atualmente, outras marcam muros e paredes urbanas com seus *sprays* coloridos. Entre essas duas situações há algo em comum: ambas são "uma possibilidade de criar sentidos ao já posto, de transcender a realidade, abrindo frestas para a imaginação criadora" (Pereira, 2010, p. 8-9). A criação humana, nesse sentido, interfere no cotidiano, alterando-o ou, em último caso, abrindo espaço para que se possa entender a realidade por outras perspectivas. Pereira (2010, p. 9) considera que a "obra de arte é a manifestação concreta dos significados que um determinado coletivo atribui ao viver em grupo, é a maneira de criar sentidos para o cotidiano".

Leonardo da Vinci, Michelangelo Buonarroti, Hans Holbein, Lucas Cranach, Pieter Bruegel, Jacques-Louis David, Eugène Delacroix, Edgar Degas, Diego Rivera, Pablo Picasso, Erich Mendelsohn, Frank Lloyd Wright, Walter Gropius, Marcel Breuer, Oscar Niemeyer, Sofonisba Anguissola, Anita Malfatti, Tarsila do Amaral, Frida Kahlo, Tomie Ohtake, Lygia Clark e Lina Bo Bardi foram alguns dos artistas que se valeram da matéria construída socialmente para compor suas obras, reiterando maneiras de pensar e reverberando concepções do coletivo, ou seja, criaram sentidos para o cotidiano em tempos e lugares diferentes. De acordo com Pereira (2010, p. 9),

> Ao criar uma determinada obra, o artista se vale da matéria construída socialmente. Como parte da cultura, a arte é a maneira de indicar os caminhos poéticos trilhados por aquele grupo. Criar uma obra de arte vai além da utilização da linguagem (desenho, pintura, escultura), vai além do domínio técnico, porque criar uma forma demanda reflexão, conhecimento sobre o objeto. Além disso, a obra de arte comunica ideias.

A propriedade de comunicar ideias que as obras de arte têm é o que nos interessa, no caso do uso de obras de arte como linguagem entendida como fonte histórica. Ao utilizar esse tipo de linguagem nas aulas de História, o docente proporciona aos aprendizes a possibilidade de ativação do potencial de reconhecer a arte, uma vez que todos nascemos com a capacidade de reconhecê-la, mas nem sempre tal capacidade é devidamente desenvolvida. Talvez seja por isso que docentes acabem se acostumando a ouvir estudantes reclamarem de determinada obra de arte, dizendo que é muito feia, estranha ou até mesmo que não é arte. Está aí o ponto de partida para o trabalho com obras de arte em sala de aula: o conhecimento prévio que todo estudante traz consigo, visto que o juízo de valor emitido em uma demonstração de desgosto ou estranhamento indica determinada concepção de arte, assim como manifesta os padrões de beleza enraizados no indivíduo.

Por isso, trabalhar com esse recurso nem sempre é tarefa fácil. Os padrões de gosto e de beleza variam muito e toda análise deve ser realizada levando-se em consideração tanto o contexto de criação da obra quanto o contexto no qual os alunos estão inseridos. Gombrich (2008, p. 29), aliás, salienta que não "existe maior obstáculo à fruição de grandes obras de arte do que a nossa relutância em descartar hábitos e preconceitos".

Considerar o contexto de produção da obra de arte implica saber, *a priori*, que toda obra foi criada em determinado tempo, em um lugar específico e para um propósito particular. No entanto, essas informações nem sempre estão disponíveis, pois pertencem ao artista e à sua mente criadora. Em outras palavras, "nunca se pode saber de antemão que efeito o artista pretende obter" (Gombrich, 2008, p. 36). Para a criação da obra de arte, o artista modela e organiza a matéria caótica preexistente, naquilo que Pereira chama de **caráter demiúrgico** do processo criativo do artista, que, como "um deus, inventa formas e a elas dá vida" (Pereira, 2010, p. 21).

Outro aspecto importante e que não deve ser descartado em sala de aula diz respeito às preferências e aos gostos, moldados histórica e socialmente. Para Umberto Eco, *belo* é um adjetivo que usamos frequentemente para qualificar algo de que gostamos. Nesse sentido, ser belo equivale a ser bom e, de fato, em épocas distintas, estabeleceu-se um vínculo estreito entre *belo* e *bom*. O autor conclui que, a julgar pela nossa experiência cotidiana, tendemos a considerar bom não apenas aquilo de que gostamos, mas também o que desejamos possuir (Eco, 2007). Explorar essa questão com os estudantes é de suma importância para contribuir para uma formação mais ampla e integral. Novamente, a contextualização é fundamental, ainda mais se considerarmos o caráter homogeneizante da concepção de *belo* que prevalece na sociedade contemporânea.

Pensar o belo como algo que satisfaz os sentidos, especialmente a visão e a audição, é indispensável para que seja possível conduzir trabalhos significativos com obras de arte em sala de aula. Gostos e preferências são aspectos distintos, influenciados – moldados e introjetados, se se preferir – por diversos fatores. Estar ciente da possibilidade de que os gostos e as preferências são variados é essencial para valorizar a individualidade de cada estudante e possibilitar que a leitura e a análise das obras de arte se convertam em um ato de fruição. Assim, apesar da verdade intrínseca ao provérbio segundo o qual gosto não se discute, é perfeitamente possível desenvolver os gostos e as preferências, aperfeiçoando-os (Gombrich, 2008).

> *Isso é também uma questão de experiência comum, que todos podemos comprovar em campos mais modestos. Para as pessoas que não estão habituadas a tomar chá, uma mistura pode ter exatamente o mesmo sabor de outra. Mas se dispuserem de tempo, vontade e oportunidade para explorar quantos refinamentos podem existir, é possível que se convertam em autênticos* connoisseurs, *capazes de distinguir o tipo e a mistura preferíveis, e seu maior conhecimento certamente aumentará o prazer propiciado pelas misturas mais requintadas.* (Gombrich, 2008, p. 36)

Além disso, devemos destacar que o ato de observação e percepção das obras de arte nunca é passivo, já que sempre há algum tipo de atribuição de significados, meio pelo qual compreendemos a experiência e a tornamos coerente e entendível, como explica Pereira (2010, p. 9): "Essa atribuição de significados é maneira de compreender a experiência e de torná-la inteligível. Portanto, ver é produzir conhecimento sobre aquilo que é visto".

As artes plásticas e a arquitetura, temas deste capítulo, compõem mais um exemplo de diferentes linguagens entendidas como fontes históricas com grande potencial para fazer das aulas uma experiência mais significativa. Tendo isso em vista, selecionamos obras para exemplificar como é possível proceder a leituras, interpretações e atribuições de significados diversos diante de determinada contextualização histórica.

> O ato de observação e percepção das obras de arte nunca é passivo, já que sempre há algum tipo de atribuição de significados, meio pelo qual compreendemos a experiência e a tornamos coerente e entendível.

Esperamos que, com os exemplos comentados na sequência, seja possível fazer com que os alunos possam olhar com outros olhos para a arte e, de fato, aproveitar satisfatória e prazerosamente sua fruição. Acreditamos que, diante de qualquer obra de arte, os estudantes mais bem preparados podem olhar "com olhos de novidade e aventurar-se numa viagem de descoberta", o que é "uma tarefa muito mais difícil, embora também mais compensadora. É incalculável o que se pode trazer de volta de semelhante jornada" (Gombrich, 2008, p. 37).

4.1.1 ESCULTURA

A harmonia e a simetria permeiam a arte há séculos. Desde a Antiguidade Clássica até a atualidade, a ideia de beleza acompanha a humanidade, ou melhor dizendo, a própria humanidade busca a beleza. Explorar esse aspecto nas aulas de História pode revelar possibilidades interessantes no processo de construção e desenvolvimento do conhecimento histórico dos estudantes. De maneira geral, os alunos dos anos finais do ensino fundamental e os do ensino médio têm uma preocupação com a beleza, principalmente a beleza física. Seus corpos estão, nessa fase da vida, passando por transformações que alteram formas e jeitos, o que impacta diretamente a sociabilidade dessas crianças e adolescentes. Assim, estar dentro dos padrões de beleza socialmente instituídos faz com que eles se sintam incluídos. Logo, trabalhar com questões relativas à beleza é uma forma segura de tornar significativas as aulas de História.

Escolher a beleza como fio condutor de uma sequência de aulas em que obras de arte serão exploradas como linguagens entendidas como fontes históricas é uma maneira de contextualizar as tarefas de leitura, interpretação e atribuição de sentidos que serão propostas aos alunos.

Usaremos como exemplo a escultura *Discóbolo*, de Míron, composta por volta de 450 a.C., pois essa é uma obra que aparece com frequência nos livros didáticos. Cabe fazer aqui alguns questionamentos: Quantas vezes já se explorou essa imagem como uma fonte histórica? Se isso já foi feito, todas as informações que a escultura permite reunir foram arroladas? Depois disso, buscando-se apoio nos conhecimentos prévios dos alunos, foi possível situar a escultura com relação ao contexto histórico no qual ela foi produzida e com relação ao artista que a criou? Foram identificadas e examinadas suas características? As informações levantadas foram relacionadas com os saberes anteriores dos estudantes? A função da escultura foi identificada por meio da crítica e da atribuição de significados?

Provavelmente, o *Discóbolo* não foi tão explorado assim, servindo apenas como elemento ilustrativo no livro didático e na aula de História. Se a obra de arte em questão, que é uma linguagem entendida como fonte histórica, não foi realmente trabalhada, apesar de todo o seu potencial, o que faltou para isso acontecer? Uma resposta possível é que faltou enxergar a obra por uma perspectiva significativa, que oferecesse elementos para despertar a curiosidade e o interesse dos aprendizes, permitindo que eles se aventurassem em uma viagem de descoberta.

O *Discóbolo* é uma obra de arte que, no original, perdeu-se no tempo. São conhecidas algumas réplicas romanas em mármore e em bronze, que indicam o impacto que a obra original teve na época de sua criação. A obra, que tem 1,55 metro de altura e apresenta um atirador de disco, é, definitivamente, o mais famoso trabalho de Míron, assim como um verdadeiro ícone da arte grega clássica. De acordo com relatos históricos, a escultura foi concebida em bronze.

Trata-se de uma obra que pode ser relacionada às Olimpíadas e ao culto da perfeição corporal. Também é possível analisar a questão da harmonia que a composição transmite ao apresentar um equilíbrio dinâmico ao se antever um movimento iminente.

Os aspectos descritos já seriam suficientes para que a obra fosse devidamente explorada em sala de aula. Ainda assim, poderiam ser destacados outros aspectos, como a forma como o artista alcançou o equilíbrio entre forças iguais e opostas, considerando-se a posição do atirador de disco, que é de movimento, e o fato de a escultura ser algo estático.

Apresentar uma obra com essa forma exige que técnicas elaboradas sejam colocadas em prática, assim como todo um estudo relacionado à anatomia e aos movimentos do corpo humano. Além do mais, fazer com que a escultura permaneça na vertical demanda outros estudos, principalmente em relação à matéria-prima com a qual se conceberá a obra, pois o corpo humano consegue encontrar seu ponto de equilíbrio com o deslocamento de músculos, algo que não está presente na escultura. Por isso, em uma obra como o *Discóbolo*, o artista precisa calcular com precisão os pesos a serem distribuídos, a fim de alcançar o equilíbrio necessário; caso contrário, a escultura cairia ou não permaneceria em pé.

No caso de Míron, é preciso considerar que a escultura original, em bronze, era oca, possibilitando que pesos e contrapesos fossem acondicionados em seu interior com o intuito de alcançar o equilíbrio pretendido. Em algumas das réplicas romanas em mármore, é possível observar um tronco de árvore com a finalidade de apoiar a perna do atirador de disco, ampliando a base de apoio da escultura. Foram soluções diferentes para um mesmo problema, que não passou despercebido pelo artista que concebeu a obra nem pelos artistas que criaram as réplicas.

Figura 4.1 – Réplica do *Discóbolo* de Míron em mármore

Figura 4.2 – Réplica do *Discóbolo* de Míron em bronze

RÉPLICA reduzida em bronze do Discóbolo de Míron. [1--]. 1 escultura, 155 cm. Staatlliche Antikensammlungen und Glyptothek, Munique.

De maneira simples, o que se fez com relação à obra foi o exercício de descrição seguido da mobilização dos conhecimentos prévios e da contextualização da época e do artista. Depois, foram identificadas algumas informações levantadas na etapa anterior e foi explicado um aspecto da obra julgado pertinente. Resta agora a tarefa de atribuir significados à obra, criticando-a historicamente, isto é, explicá-la à luz de fundamentos e conceitos históricos de maneira plausível e inteligível. Para a construção da narrativa histórica, um eixo norteador possível é a noção de beleza que tangencia a referida obra de arte, articulando ideias de belo, proporção, harmonia e, também, a relação entre forma e beleza.

O *Discóbolo* pode, portanto, ser analisado como fonte histórica. Durante a análise, não se deve esquecer que uma das características da escultura é justamente sua essência tridimensional. Essa orientação pode parecer demasiadamente óbvia, mas é muito importante, já que não é, necessariamente, um conhecimento desenvolvido pelos estudantes durante a observação e apreciação de uma escultura. Em outras palavras, por mais que os alunos saibam o que seja uma escultura e até mesmo saibam defini-la, é provável que, em muitos casos, eles não tenham tido experiências significativas com relação à contemplação desse tipo de obra. Os motivos para isso podem variar: ausência de esculturas no meio em que vivem; ausência de museus que tenham esculturas em seus acervos; falta de preparo e de conhecimento para a apreciação e análise de uma escultura; o fato de nunca terem sido desafiados a analisar e interpretar uma escultura etc.

Uma abordagem similar à sugerida pode ser extremamente significativa para os alunos, assim como pode prepará-los para, posteriormente, perceberem que o conhecimento histórico construído por meio da análise de uma obra de arte permitirá que procedam a outras leituras diante de outras linguagens. Como exemplo, podemos supor que, ao estudarem a temática do Renascimento artístico e cultural ocorrido na Europa Ocidental entre os séculos XIV e XVI, esses alunos acionarão seus conhecimentos adquiridos e conseguirão identificar relações entre a escultura do *Discóbolo* e a do *Davi*.

Figura 4.3 – *Davi*, de Michelangelo Buonarroti

BUONARROTI, M. **Davi**. [entre 1501 e 1504]. 1 escultura: 517 cm.
Academia de Belas Artes, Florença.

Essa obra de Michelangelo Buonarroti é "figurinha carimbada" nos livros didáticos de História, que invariavelmente apresentam a escultura em uma reprodução fotográfica de dimensões diminutas, impedindo que, por si sós, os estudantes tenham noção da dimensão real da obra. A escultura foi confeccionada em um bloco único de mármore de Carrara e apresenta 5,17 metros de altura e um peso de 5 toneladas e 660 quilos. Trata-se de uma obra sob encomenda, anteriormente recusada por outros dois artistas em função do tamanho e das imperfeições do bloco de mármore reservado para a escultura, que deveria ficar na Catedral de Florença, a pedido da Opera del Duomo. A Junta da Sacristia havia determinado o tema religioso para a escultura, mas ninguém poderia imaginar que Michelangelo, com 26 anos quando iniciou os trabalhos para a escultura, apresentaria uma interpretação completamente revolucionária para o herói bíblico.

O *Davi* de Michelangelo é uma leitura inovadora para a época da história bíblica de Davi e Golias, já que, tradicionalmente, o herói bíblico era representado como o triunfante vencedor da batalha, às vezes com a cabeça de Golias a seus pés. Michelangelo apresenta Davi antes da batalha, em pose que transmite tensão e relaxamento, que sugere os momentos de concentração que antecedem o duelo. A funda sobre o ombro que cai até sua mão direita é praticamente imperceptível, assim como o seixo acomodado na palma de sua mão – mais uma sugestão do que propriamente um seixo. As veias aparentes da mão indicam uma tensão muscular que revela a decisão tomada – de lutar contra Golias –, mas a ação ainda não teve início. A mão é apenas um detalhe revelador desse Davi que venceu Golias mais pela inteligência do que pela força e que transmite autoconfiança e concentração, características do homem renascentista.

Norton Frehse Nicolazzi Junior

Diante desse *Davi*, quais são as possíveis relações que podemos estabelecer com o *Discóbolo*? As duas obras de arte apresentam elementos em comum? Os quase dois mil anos que separam uma escultura da outra revelam apenas diferenças ou há semelhanças históricas? A noção de beleza tangencia as duas esculturas? É possível perceber que o belo se refere à proporção e à harmonia em cada uma das obras?

Como acreditamos que para todos os questionamentos anteriores há inúmeras possibilidades de respostas, todas elas historicamente contextualizadas, inteligíveis e plausíveis, julgamos ser perfeitamente factível um trabalho amplo e profundo com a linguagem do campo da arte entendida como fonte histórica em sala de aula. O exemplo brevemente sugerido demonstra ser exequível a exploração desse tipo de linguagem de modo a favorecer a construção e o desenvolvimento do conhecimento histórico dos estudantes.

4.1.2 Pintura

Gombrich (2008) alerta que a obra de arte não é uma atividade misteriosa, e sim uma produção humana feita para humanos. Isso significa que, apesar da impressão de imponência que as obras causam ao serem expostas em museus, onde são colocadas a uma distância segura para não serem tocadas, muitas vezes, essa não era a intenção inicial do artista. Gombrich (2008, p. 32) destaca essa questão da seguinte forma:

[Os quadros] originalmente eram feitos para serem tocados e manipulados, eram motivo de barganha, de querela, de preocupação. Lembremos também que cada uma de suas características resultava da decisão pessoal do artista; que este podia ter meditado sobre elas e decidido alterá-las repetidas vezes, que talvez tivesse hesitado entre deixar aquela árvore ao fundo ou pintá-la de novo na frente, que podia ter-se sentido satisfeito com uma pincelada feliz criando um súbito e inesperado brilho numa nuvem iluminada pelo sol, e que relutantemente incluiu essa ou aquela figura por insistência de um comprador. Pois a maioria das pinturas e esculturas que hoje se alinham ao longo das paredes dos nossos museus e galerias não se destinava a ser exibida como Arte. Foram feitas para uma ocasião definida e um propósito determinado que habitava a mente do artista quando pôs mãos à obra.

Dificilmente haverá condições reais de apresentar aos alunos os originais das obras de arte exploradas em sala de aula, tendo em vista a carência de bons museus, as dificuldades para visitas *in loco*, os custos extras etc. Entretanto, esses empencilhos não impedem o trabalho com pinturas, afinal, atualmente existem condições técnicas e tecnológicas que podem propiciar uma experiência distinta. Há uma oferta bastante variada de livros impressos que apresentam reproduções fotográficas de obras de arte com boa qualidade. Também estão disponíveis bons *sites* com grande acervo de reproduções fotográficas de obras de arte, alguns com altíssima resolução. Outra possibilidade na internet são as visitas virtuais a alguns dos maiores e melhores museus de todo o mundo, nos quais é possível "passear" pelos corredores e observar as obras de arte expostas. Isso tudo sem falar nos livros didáticos, que também apresentam reproduções fotográficas de obras de arte, constituindo mais um meio para explorar as linguagens do campo da arte como fontes históricas nas aulas de História.

Nesse contexto, a função ou finalidade do quadro pode ser o ponto de partida para um trabalho que se pretende significativo em sala de aula. Buscar saber a ocasião e o propósito associados a um quadro serve como primeiro passo da tarefa de análise. Tomemos um quadro inglês da primeira metade do século XVI como exemplo.

Figura 4.4 – *Os embaixadores*, de Hans Holbein, o Jovem

HOLBEIN, H. (o Jovem). **Os embaixadores**. 1533. 1 óleo sobre madeira: color.; 207 × 209,5 cm. National Gallery, Londres.

O quadro foi encomendado pelo francês Jean de Dinteville ao pintor alemão Hans Holbein, que já atuava em terras inglesas desde 1526[1]. O quadro foi pintado em Londres, na primavera de 1533 e exibe, além de Dinteville, seu amigo Georges de Selve, bispo da Igreja Católica. Ambos eram franceses e diplomatas, mas um era laico e o outro religioso; as roupas indicam a diferença: respectivamente, traje curto e traje longo – *l'homme de robe courte* e *l'homme de robe longue*. Dinteville encomendara o quadro para exibi-lo no palácio de sua família, em Polisy, região de Champagne, na França. Essas informações iniciais, obtidas por meio de pesquisa, dão conta de esclarecer a ocasião definida (Londres, 1533) e o propósito determinado (exibição no palácio da família) para o referido quadro.

Além dessas informações preliminares, a ficha técnica da obra traz outras que podem ser úteis na análise do quadro, como a técnica da pintura e sua dimensão. A técnica utilizada foi a de tinta a óleo sobre uma superfície de madeira e a dimensão da obra é de mais de 4 metros quadrados de superfície pintada (2,07 m × 2,09 m).

Vale mencionar também a alcunha do artista (o Jovem), fato que era comum na época e indicava que havia outra pessoa mais velha (o Velho) com o mesmo nome – que, nesse caso, era o pai do artista em questão. Normalmente, isso ocorria quando ambos exerciam a mesma atividade.

Em geral, essa obra, quando aparece nos livros didáticos, é relacionada às temáticas históricas do período de transição entre a Idade Média e a Idade Moderna na Europa (formação dos Estados nacionais modernos, Renascimento, Reforma e Contrarreforma, por exemplo).

---

1 O pintor ainda permaneceu dois anos na Inglaterra, retornando posteriormente à Basileia, onde ficou por quatro anos. Após esse período, retornou à Inglaterra.

Destacamos que, no levantamento das informações anteriores sobre o quadro de Holbein, praticamente não se mencionaram assuntos relacionados às referidas temáticas históricas. Consideramos importante essa advertência, pois desejamos demonstrar a validade da análise de uma fonte histórica como a pintura em questão expondo que esse tipo de trabalho vai muito além da mera apresentação de informações relacionadas ao conteúdo escolar, pois demanda que docentes, bem como estudantes, leiam, identifiquem, questionem e atribuam significados contextualizados à fonte analisada. Assim, acreditamos que as aulas de História podem ser curiosas, interessantes e mais significativas.

Sabendo-se **quando/onde** e **para que/para quem** a obra foi produzida, é possível prosseguir com o exercício de descrição das informações constantes na pintura. Muitas informações são facilmente identificadas pelos aprendizes, enquanto outras exigem a intervenção do professor. Isso revela outra característica do trabalho com linguagens entendidas como fontes históricas: é preciso conhecê-las para tratar delas na aula. Assim, o docente precisa saber de suas características e elementos específicos, o que demanda estudo e pesquisa, afinal, planejar uma boa sequência didática requer mais do que o mero arrolar de conteúdos a serem trabalhados.

A seguir, descrevemos os elementos a serem identificados no quadro pelos alunos.

> Há dois homens, um em cada extremidade do quadro; entre eles, há um móvel, mais especificamente uma estante; a estante tem duas prateleiras, sendo que a superior está coberta por um tapete; ambas as prateleiras trazem uma série de objetos expostos; entre os objetos da prateleira superior, há um globo celeste, um relógio de sol cilíndrico feito de cobre, um quadrante, um relógio de sol poliédrico e um *torquetum*; na prateleira inferior, há um globo terrestre e, à frente dele, um livro com um esquadro entre suas páginas; há um alaúde e, embaixo dele, um compasso; à frente do alaúde, há outro livro e alguns tubos, ou flautas; embaixo do móvel, há outro alaúde; no piso, há um mosaico; ao fundo, uma cortina de tonalidade esverdeada; o homem da esquerda usa roupas curtas e segura em uma das mãos uma adaga; o homem da direita traja roupas longas e tem em uma das mãos um par de luvas.

Há, obviamente, outras informações que podem ser extraídas do quadro, mas dificilmente seriam indicadas pelos estudantes. Talvez eles comentassem a imagem que aparece em primeiro plano, na parte inferior do quadro, com grande probabilidade de não conseguirem identificar que se trata de um crânio, como mencionaremos mais adiante. A etapa da descrição de uma obra como essa é suficiente para despertar a atenção e a curiosidade dos aprendizes, tornando-os mais suscetíveis à análise e à interpretação da obra.

Realizada a descrição, é momento de mobilizar conhecimentos prévios e articulá-los ao contexto histórico em questão. Nesse ponto, cabe demonstrar como a articulação permite uma abordagem mais interessante e significativa de temas como o expansionismo marítimo europeu, o renascimento artístico e comercial e as relações políticas e religiosas vigentes na época. Os objetos da prateleira superior podem ser relacionados às navegações e à astronomia, bem como ao intercâmbio cultural entre o Oriente e o Ocidente, que é reforçado pelo tapete decorado com motivos geométricos. Na prateleira inferior, os objetos podem ser relacionados à matemática e à música, tendo em vista os instrumentos e o fato de que um dos livros é de matemática contábil[2] e o outro um exemplar de hinos luteranos intitulado *Geystliches Gesangbüchlein*[3] (ou *Livro de cantos litúrgicos*). O mosaico do chão indica, efetivamente, que os dois homens estão em solo inglês, pois corresponde ao mosaico do piso do altar da Abadia de Westminster, em Londres.

Os objetos das duas prateleiras, bem como a função política e religiosa dos dois homens, podem ser identificados como elementos relacionados às sete artes liberais que constituíam a base da educação renascentista, formada pelo *trivium* (gramática, lógica e retórica) e pelo *quadrivium* (aritmética, música, geometria e astronomia) – "eram estas matérias a base do *studia humanitatis*, seguido pela maioria dos jovens da época. Eram, portanto, a base do denominado humanismo" (Brotton, 2004, p. 24, tradução nossa).

Além de os livros impressos poderem ser identificados como o aperfeiçoamento da imprensa de tipos móveis, o livro de hinos luteranos ainda pode ser relacionado com o movimento reformista empreendido por Martinho Lutero.

O crucifixo que aparece quase escondido no canto superior esquerdo do quadro pode ser entendido como uma alusão à permanência da Igreja Católica na Inglaterra em um momento em que o soberano inglês alçava-se ao cargo de chefe supremo da Igreja da Inglaterra. O crucifixo, somado ao livro de cantos litúrgicos, parece simbolizar o rompimento do Estado inglês com a Igreja Católica, ideia que pode estar representada pela corda rompida do alaúde da prateleira inferior. Enfim, são explicações plausíveis diante das

---

2   *É possível identificar o livro como sendo* Eyn unnd wolgegründte underweysung aller Kauffmanb Rechnung in dreyen Büchern mit schönen Regeln um fragstucken begriffen..., *algo como* Instrução prática de cálculos comerciais em três volumes, seguido de boas regras e problemas.

3   *Trata-se de um exemplar alemão impresso em Wittenberg, no ano de 1524.*

informações obtidas da obra em relação direta com o contexto do período.

Não saberemos exatamente o que o artista pretendeu com sua obra, mas é perfeitamente possível atribuir sentidos a ela, desde que com fundamento no contexto histórico em questão. Aspectos políticos, sociais, econômicos e culturais são imediatamente chamados à tona quando se pretende analisar a obra de maneira mais ampla e profunda, demonstrando que o processo de explorar determinada linguagem entendida como fonte histórica abre um leque de possibilidades para relacionar as temáticas curriculares de História a distintos encaminhamentos metodológicos.

Por meio do quadro *Os embaixadores*, é possível abordar temáticas aparentemente tão distintas (principalmente quando se considera que, de maneira geral, tais temáticas aparecem em capítulos separados nos livros didáticos) em uma mesma sequência didática. A tarefa não é fácil, mas proporciona aos estudantes a chance de perceber que vários processos históricos ocorrem simultaneamente e, de formas diversas, podem ou não se relacionar, influenciando-se mutuamente. Assim, quadros como esse "podem ser considerados não só portas pelas quais se pode entrar para redescobrir o passado, como também espelhos que refletem a multiplicidade de causas e efeitos que produziram o passado e o presente" (Brook, 2012, p. 32).

A respeito das relações e inter-relações possíveis entre os diversos processos históricos que seguem seus rumos ao mesmo tempo, consideramos que a parábola budista da rede de Indra é bastante ilustrativa:

> *O budismo usa imagem semelhante para descrever a interligação de todos os fenômenos. É a rede de Indra. Quando Indra criou o mundo, teceu-o como uma teia, e em cada encontro de fios dessa teia havia uma pérola amarrada. Tudo o que existe ou já existiu, toda ideia que pode ser pensada,*

todo dado que é verdadeiro – todo dharma, na linguagem da filosofia indiana – é uma pérola da rede de Indra. Não só cada pérola está amarrada a todas as outras por meio da teia na qual está pendurada, como na superfície de cada pérola se refletem todas as outras pérolas da rede. Tudo o que existe na teia de Indra implica tudo mais que existe. (Brook, 2012, p. 32)

Assim, mesmo não sabendo exatamente o que o artista pretendeu com a obra, após a orientação adequada para uma análise ampla e profunda, os alunos estarão aptos a realizar argumentações históricas inteligíveis e plausíveis. Sem a devida investigação e contextualização, dificilmente se chegará a uma explicação coerente e que não seja anacrônica. É de se esperar, portanto, que as narrativas elaboradas pelos estudantes consigam explicar, e criticar, a presença do objeto que ocupa o primeiro plano inferior do quadro, por exemplo.

O crânio apresentado por Holbein parece uma figura disforme, mas trata-se de uma anamorfose, isto é, uma representação de crânio que, quando observada frontalmente, parece distorcida ou mesmo irreconhecível – nem sempre os alunos conseguem visualizar o crânio na primeira observação da obra, o qual só é legível quando visto de determinado ponto, normalmente angular ou a certa distância.

Para as finalidades das aulas de História, mais importante do que identificar o crânio na obra de Holbein é saber explicá-lo historicamente, verificando as interpretações apresentadas e, principalmente, elaborando as próprias interpretações. O crânio pode assumir vários significados baseados no contexto histórico e em outras evidências analisadas, como a iniciativa autoral do artista, que simboliza relativa independência em relação às exigências daquele que encomendou a obra. O crânio também apresenta elementos do uso de técnicas e teorias artísticas que eram, de certa forma, relativamente recentes na

Europa renascentista, como o uso da tinta à base de óleo e o emprego das técnicas da perspectiva, evidenciando uma relação mais próxima entre arte, matemática (geometria), física (ótica) e química (misturas e compostos). Naquele contexto histórico, o crânio também poderia significar que, apesar de todo o poder político e religioso daqueles embaixadores, de todo o poder econômico advindo dos intercâmbios comerciais entre Ocidente e Oriente, de todo o conhecimento adquirido e desenvolvido no período, os homens são mortais e a morte chega para todos, sem distinção. Consideramos essa explicação historicamente inteligível e plausível, digna de destaque, sobretudo por ter sido elaborada e apresentada por uma estudante da 1ª série do ensino médio – mais uma prova inconteste de que o trabalho com variadas linguagens entendidas como fontes históricas pode ser, de fato, interessante e significativo, contribuindo para a construção e o desenvolvimento do conhecimento histórico dos estudantes.

(4.2)
Arquitetura: a cidade nas aulas de História

Para iniciarmos esta seção sobre a arquitetura das cidades, julgamos ser conveniente apresentar um paralelo interessante que Sergio Paulo Rouanet (1993) estabelece entre homens e animais: enquanto os primeiros viajam, os segundos migram.

> *Tudo começou com a viagem que alguns dos nossos remotíssimos antepassados iniciaram em algum lugar da África, em direção ao resto do mundo. Viajando, completaram o processo de hominização: o* homo viator *está na origem do* homo sapiens. *A condição humana e a condição de viajante*

> *continuam interligadas, centenas de milhares de anos depois. Só os homens viajam, pois os animais limitam-se a migrar, como os salmões e as gaivotas, para a desova ou fugindo dos rigores do inverno; e só os viajantes são inteiramente humanos, pois enquanto os que ficam não se distinguem das plantas, que têm raízes num certo húmus, e dos bichos, que não podem sobreviver fora do ecossistema em que nasceram, os viajantes exercem, em sua plenitude, a prerrogativa máxima da espécie, a de cortar, consciente e voluntariamente, por algum tempo ou para sempre, os vínculos com o país de origem: "Nos patriae finis et dulcia linquimus arva/ Nos patriam fugimus*[4]*".* (Rouanet, 1993, p. 7)

Rouanet, por meio da referida distinção, inicia outra viagem com Walter Benjamin, viajante das ruas da cidade: "É o flibusteiro da modernidade, que perambula entre a margem esquerda e a direita de Paris como Morgan velejava entre Tortuga e Cartagena" (Rouanet, 1993, p. 21).

As cidades não fascinaram apenas os viajantes contemporâneos, como Benjamin, mas todos aqueles que, em outras eras, ansiavam por libertação, "pelo menos durante um curto tempo, da realidade limitadora e tirânica do cotidiano" (Langer, 1997, p. 1).

Um bom exemplo de viajante é Marco Polo, que em sua viagem ao Império Mongol descreveu a Kublai Khan as várias cidades pelas quais passou. De acordo com Calvino (2003, p. 16-17), Marco Polo assim se exprime:

> *Quem viaja sem saber o que esperar da cidade que encontrará ao final do caminho, pergunta-se como será o palácio real, a caserna, o moinho, o teatro, o bazar. Em cada cidade do império, os edifícios são diferentes e dispostos de maneiras diversas: mas, assim que o estrangeiro chega à*

---

4 "*Nós deixamos a pátria e estas doces pastagens;/nós fugimos*".

cidade desconhecida e lança o olhar em meio às cúpulas de pagode e claraboias e celeiros, seguindo o traçado de canais hortos de depósitos de lixo, logo distingue quais são os palácios dos príncipes, quais são os templos dos grandes sacerdotes, a taberna, a prisão, a zona. Assim – dizem alguns – confirma-se a hipótese de que cada pessoa tem em mente uma cidade feita exclusivamente de diferenças, uma cidade sem figuras e sem forma, preenchida pelas cidades particulares.

É essa viagem que o trabalho com a arquitetura das cidades nas aulas de História pode proporcionar: a viagem em que é possível reconhecer as particularidades de cada cidade como símbolo capaz de exprimir a metafórica tensão entre a racionalidade geométrica e o emaranhado das existências humanas (Calvino, 1990).

Gomes (2008, p. 23) interpreta a cidade como registro e materialização de sua própria história, "como ambiente construído, como necessidade histórica, [que] é resultado da imaginação e do trabalho coletivo do homem que desafia a natureza". É dessa cidade, com sua arquitetura em desenhos labirínticos e topografia urbana, que nada se perde, é essa cidade em que tudo pode ser analisado como linguagem entendida como fonte histórica, tornando as aulas de História mais interessantes e significativas, em especial por ser espaço de experiência e de sociabilidade de grande parte dos estudantes. Por isso, destacamos que tudo na arquitetura da cidade deve receber a atenção devida, que nada é menos importante ou sem significação, como explicou Marco Polo ao imperador dos tártaros:

Marco Polo descreve uma ponte, pedra por pedra.
— Mas qual é a pedra que sustenta a ponte? — pergunta Kublai Khan.
— A ponte não é sustentada por esta ou aquela pedra — responde Marco —, mas pela curva do arco que estas formam.

Kublai Khan permanece em silêncio, refletindo. Depois acrescenta:
— Por que falar das pedras? Só o arco me interessa.
Polo responde:
— Sem pedras o arco não existe. (Calvino, 2003, p. 35)

Sem as pedras, o arco não existe e, sem ele, nem a ponte nem a cidade. É com esse olhar atento e cuidadoso que devemos enxergar a arquitetura de uma cidade, seja ela qual for.

A arquitetura de uma cidade deve extrapolar seu aspecto físico, de suas ruas e de suas construções. Pelo menos foi essa a ideia que Fustel de Coulanges, em 1864, apresentou em seu estudo histórico *A cidade antiga*, no qual estabeleceu para as antigas sociedades grega e romana uma história urbana. Assim, podemos perceber o "fenômeno urbano como campo histórico, no qual se expressa um estilo de vida – e não um estilo qualquer, mas um dos possíveis que hão conhecido o desenvolvimento histórico" (Romero, 2009, p. 103). Assim, devemos iniciar nossa análise da arquitetura de uma cidade perguntando-nos: O que é uma cidade?

> A arquitetura de uma cidade deve extrapolar seu aspecto físico, de suas ruas e de suas construções.

São múltiplas as respostas possíveis para uma pergunta como essa, mas podemos considerar válida para nossos objetivos aqui as palavras de Romero (2009, p. 105):

O que é uma cidade? Para todo mundo, a primeira noção, a primeira imagem, consiste em pensar numa cidade física. Quando digo "daqui vejo uma cidade", refiro-me à cidade física e isto implica supor que a cidade é simplesmente isso. Não que não seja, mas não é o mais importante, pois devemos levar em conta o que há dentro dela. O que ela agrega? Uma sociedade "urbana". Um tipo de sociedade específica, eminentemente dinâmica, muito mais dinâmica que outras formas de sociedade.

Nesse sentido, o que aqui chamamos de *arquitetura de uma cidade* envolve a necessária distinção entre sociedades rurais e sociedades urbanas. Tomemos como exemplo as cidades modernas – ou cidades barrocas, como as sociedades ocidentais podem considerá-las –, que refletem mais do que apenas uma concepção de espaço: elas refletem uma concepção de mundo. Isso fica evidente quando pensamos nas cidades de sociedades dualistas, como as cidades cortes e as cidades mercantis. Mais tarde, principalmente nas cidades mercantis e, posteriormente, nas cidades industriais, o dualismo – coexistência de posições contraditórias – se manteve e se ampliou, multiplicando-se em uma infinidade de novas concepções de mundo a serem observadas nas cidades, sempre de maneira específica.

Espaços destinados a determinadas atividades acabaram por conformar o entorno físico, influenciando e sendo influenciados pelas relações de sociabilidade humana. Um mercado, por exemplo, não era estabelecido em um lugar qualquer, a esmo. Um mercado requeria a existência de alguns atributos básicos, como centralidade e acessibilidade, fundamentais para o sucesso do objetivo a que se destinava o estabelecimento. A praça do mercado, portanto, ganhou lugar de destaque em uma cidade mercantil, favorecendo os negócios e atraindo toda sorte de gente em busca de meios de sobrevivência.

Era para os mercados que afluíam pequenos produtores rurais; uma variada gama de comerciantes de produtos artesanais – a despeito de, no entorno do mercado, invariavelmente estarem as oficinas dos artesãos locais; consumidores em busca daquilo que lhes faltava; e pequenos jornaleiros ansiosos por um trabalho que lhes rendesse alguns trocados. Pelos mercados também circulavam tanto as "pessoas de bem" como um ou outro infeliz que tinha no banditismo seu ganha-pão. E essa variedade do universo urbano também merece destaque, além do aspecto físico da cidade que se investiga.

Outras fontes, como plantas e mapas urbanos, vestígios arquitetônicos, relatos de viajantes e registros oficiais (como os códigos de postura), servem para escrutinar a história de uma cidade, buscando-se em sua arquitetura elementos que revelem algo de seu passado.

Das vilas e cidades coloniais e imperiais brasileiras, dispomos de plantas e mapas; pinturas e desenhos; descrições de viajantes e outros passantes; registros oficiais; informações nos periódicos locais; e vestígios das construções. Obviamente, não é para todas as cidades que dispomos de todas essas fontes históricas, mas há várias delas para a maioria das cidades.

Das nossas principais cidades coloniais, temos plantas e mapas, produzidos por estrangeiros de passagem ou autoridades locais ou metropolitanas, em busca de melhor conhecimento e controle. Em muitos desses registros, há informações preciosas, como a localização das principais igrejas e fortes, dos mais importantes prédios públicos, da praça do mercado, do porto, das vias de acesso e, muitas vezes, das ruas – informação de grande valia para entender melhor a topografia urbana. Nenhum desses elementos deve ser desprezado pelo historiador, tampouco pelo docente, que deve explorar essas diversas linguagens entendidas como fontes históricas.

Com relação aos períodos mais recentes (século XX e início do século XXI), há outras fontes que se somam às anteriormente citadas, como fotografias e depoimentos de antigos moradores – as fontes orais assumem lugar de destaque em muitas propostas de encaminhamento metodológico na educação básica e são bastante comuns nos anos iniciais do ensino fundamental. A própria experiência dos estudantes no espaço da cidade em que vivem pode dar maior significação às análises históricas sobre a cidade e os espaços urbanos.

O que nos parece importante destacar é que a arquitetura das cidades não se limita aos prédios, tampouco aos traçados dos arruamentos e projetos urbanísticos, embora estes sejam muito interessantes e revelem os inúmeros jogos de poder que caracterizam o dualismo presente nas cidades modernas e contemporâneas. Acreditamos que, por meio da arquitetura das cidades, o ensino de História e a aprendizagem histórica podem ser mais significativos para os alunos, pois há muitos elementos que podem ser relacionados com suas histórias e experiências.

(4.3)
ARQUITETURA: A RESIDÊNCIA NAS AULAS DE HISTÓRIA

A residência, ou a casa, é outro aspecto da arquitetura que nem sempre ganha o espaço merecido nas aulas de História. O espaço de moradia das pessoas é comumente indicado para diversas temáticas históricas, mas quase sempre de maneira informativa, sem as devidas contextualizações e análises. Ao se descrever uma casa romana, por exemplo, ressalta-se a presença do larário – espécie de altar doméstico –, embora, na maioria das vezes, não haja investigação sobre a função dele para os moradores da residência ou sobre a importância dos ritos que o envolviam naquela sociedade. Casas de servos feudais são, por sua vez, detalhadas em suas ausências – de cômodos, de banheiros, de móveis etc. –, mas sem a explicação sobre o que todas essas ausências significavam para seus moradores. Palácios da corte francesa dos séculos XVI ao XVIII são magnificamente descritos, com todos os seus charmes e refinamentos, mas sem a menção ao fato de que sua manutenção dependia de um incontável número de empregados e serviçais. As casas coloniais brasileiras, assim como as casas do final do período imperial e do início do período republicano, quase não são citadas nas aulas de História, salvo quando são abordadas as precárias condições de sobrevivência e a insalubridade que caracterizavam os cortiços do Rio de Janeiro no início do século XX. As moradias das classes médias brasileiras entre os anos 1930 e 1990 são um imenso depositário de informações para a construção do conhecimento histórico, porém são negligenciadas nas aulas de História.

O que queremos observar não é que tais abordagens sejam inexistentes nas aulas de História e/ou nos livros didáticos, mas que são raras. Também buscamos evidenciar que, mesmo quando informações a respeito das moradias são discutidas nas aulas de História, em poucos casos os elementos específicos da arquitetura das residências, sejam míseros casebres, sejam suntuosos palácios, são explorados de maneira ampla e profunda, ou seja, como linguagem entendida como fonte histórica.

Em outras palavras, acreditamos que há muito mais a fazer no tocante à arquitetura residencial do que aquilo que habitualmente é feito. A arquitetura das casas, assim como a das cidades, guarda muitos elementos que podem ser relacionados com as histórias e experiências dos estudantes, pois, como afirma Bachelard (1998, p. 24), "a casa é o nosso canto do mundo. Ela é, como se diz amiúde, o nosso primeiro universo. É um verdadeiro cosmos. Um cosmos em toda a acepção do termo". Trata-se de um cosmos que faz transcender o objeto geométrico, como explica Coelho (1999, p. 9) no prefácio de *500 anos da casa no Brasil*:

> O espaço da casa se faz transcender ao espaço geométrico. Queremos, à primeira vista, compreender a casa como uma realidade visível e tangível: volumes, planos, linhas retas e curvas... Mas casa não é um frio sólido que envolve o homem. A casa é vivida pelo homem; adquire valores humanos ... Esse objeto geométrico se transforma em humano, assim que entendemos a casa como um espaço de conforto e intimidade.

A casa no Brasil deve ser encarada como a consequência de uma grande fusão, na qual se reúnem elementos ibéricos, mouros, indígenas e africanos que nos levam a manter há cinco séculos "a mesma tradição intrínseca de pensar e construir nossa moradia, apesar de aparentes diferenças exteriores resultantes de transformações sociais ou ditames da moda" (Coelho, 1999, p. 9). Essa permanência histórica é observada na concepção das residências brasileiras, que preservam uma setorização característica que reflete os valores segregacionistas de nossa sociedade.

Figura 4.5 – Ilustração de Cícero Dias para o encarte da obra *Casa-grande e senzala*, de Gilberto Freyre

Fonte: Freyre, 2005, capa.

A casa-grande dos primeiros séculos de colonização (Figura 4.5) é o exemplo por excelência da casa setorizada e segregante. Com o passar dos séculos, a casa brasileira deixou de ser aquela casa-grande, invariavelmente acompanhada da senzala, embora tenha mantido em sua essência as divisões correspondentes à organização social, compostas pela moradia da família e de seus agregados, incluindo-se aí os criados e serviçais. As casas de famílias de classe média e classe alta mantiveram em suas concepções arquitetônicas o espaço reservado para o aposento dos empregados, mesmo após a abolição da escravidão, em 1888. Aliás, essa permanência histórica perdurou por várias décadas ao longo do século XX, sendo gradativamente suprimida das plantas residenciais nas últimas três décadas daquele século. Entre as razões para a supressão do aposento de empregados, dificilmente listaríamos o desenvolvimento da consciência social da população brasileira. O mais provável nesse caso seria indicar o crescimento da densidade urbana e a elevação do preço do metro quadrado dos imóveis.

Aproveitando a temática dos criados e serviçais, passemos agora para outro ambiente das casas brasileiras que pode contar muitas histórias: a cozinha. Se a casa brasileira é fruto da mistura das culturas ibérica, moura, indígena e africana, a despeito de tradições portuguesas terem se sobressaído em alguns aspectos arquitetônicos das residências no Brasil, a cozinha reflete mais dos costumes indígenas e africanos, pelo menos no que diz respeito à sua localização no interior da casa. A cozinha aparece, desde o período colonial, quase como anexa à casa. No Brasil, o modelo ibérico de cozinha não funcionou, visto que "a percepção lusa quase imediata quanto ao novo clima colocou-a nos fundos, num puxado, deixando a última parede para apoiar a chaminé do fogão, liberando a casa para uma satisfatória ventilação" (Veríssimo; Bittar, 1999, p. 109). Ainda assim, algumas residências copiaram o modelo europeu em vigência na Península Ibérica – aquele em que a cozinha ocupa posição central, contígua às salas e aos quartos.

A cozinha, assim, misturava-se ao quintal da casa, atendendo às necessidades do trabalho doméstico em uma época em que não havia água encanada, gás nem energia elétrica. Aliás, não havia também sistema de esgoto ou coleta de lixo regulamentar. Por isso, como esclareceu Silva (2008, p. 105), "devido à sujeira e à escala do preparo das refeições, que envolvia atividades pesadas e demoradas, o trabalho era feito fora do corpo principal da casa". O autor explica que é difícil, diante das características anteriormente indicadas, precisar o tamanho da área destinada ao preparo da alimentação:

> Podemos dizer que a cozinha, como espaço estrito de preparo dos alimentos, não existia. O que aparece nas plantas e descrições desse espaço nos primeiros séculos é uma grande área destinada aos serviços, que incluíam preparo, estocagem e beneficiamento de alimentos, além da criação de pequenos animais. Segundo Carlos Lemos, a cozinha formava "[...] um complexo que envolve fogão, tanque, bica, cisterna, paiol, despensa, curral e pomar, situação que permaneceu até o século XIX".
> Esse complexo envolvia não apenas as atividades de preparo dos alimentos, mas também seu beneficiamento, estocagem e eventual produção, além da limpeza. (Silva, 2008, p. 105)

Séculos depois, já em meados do século XIX, a cozinha brasileira sofreu algumas mudanças, principalmente em virtude do contexto histórico da época, em que se buscou levar para as instalações das cozinhas uma racionalização do trabalho doméstico à semelhança do que ocorria no trabalho fabril. Novas técnicas e tecnologias fomentaram as transformações que acabaram por diminuir o tamanho das cozinhas brasileiras. Em um primeiro momento, no entanto, parece que a situação da limpeza, ou da falta dela, permaneceu existindo, mormente nas casas das famílias de baixa renda.

As condições de salubridade nas cozinhas sempre foram dignas de nota por parte das autoridades e sempre estiveram presentes nas descrições de viajantes, que se surpreendiam com compartimentos imundos, com chãos lamacentos, cheios de fumaça e uma enormidade de moscas. Nos cortiços do final do século XIX e início do século XX, de acordo com o *Boletim da Sociedade de Medicina e Cirurgia de São Paulo*, "a situação não diferia em nada, ainda mais por resultarem da adaptação de antigos sobrados convertidos em habitação coletiva" (Mello, 1926, citado por Silva, 2008, p. 111). Várias famílias dividiam o mesmo cômodo, no qual havia fogões improvisados e latrinas, muitas vezes lado a lado. No *Boletim da Sociedade de Medicina e Cirurgia de São Paulo* de 1926 aparece uma descrição das habitações coletivas em São Paulo:

> *Nesses cortiços não moram, amontoam-se os pobres seres, em telheiros de zinco, em porões, nos quais seres irracionais não ficariam! [...] Pois, encontramos em um cortiço, num só cômodo, reunidos a cozinha e a privada!*
>
> *E note-se que visitamos um bairro relativamente central, em que as condições de vida não são de todo más.* (Mello, citado por Silva, 2008, p. 111)

Nas casas de famílias com melhores condições, as cozinhas experimentaram sucessivas transformações modernizantes. O advento do gás e da energia elétrica alteraram as relações do trabalho doméstico, fornecendo condições materiais para que, a longo prazo, as donas de casas pudessem assumir as funções que outrora eram de seus criados e serviçais e, posteriormente, liberando-as das mesmas funções. Destacamos que essas afirmações não refletem um posicionamento machista de nossa parte; aqui apenas pretendemos evidenciar o funcionamento da sociedade daquele período, marcadamente paternalista e machista, como é possível constatar pela consulta a diversas fontes históricas e análises sobre o referido contexto:

a dona de casa tinha um papel específico: de controlar todo o trabalho feito pelos escravos. Boa parte dos estereótipos criados sobre a mulher brasileira foram cristalizados a partir de observações de viajantes, mas podiam ser explicados pelo papel da mulher dentro da estrutura doméstica. Sua presença era necessária para supervisionar todo o serviço, que incluía não apenas as atividades de limpeza e preparo dos alimentos, mas a produção e beneficiamento de boa parte dos víveres consumidos pela família.
[...]
Esse "isolamento" [...] da mulher só seria rompido com várias modificações que atingiram a casa a partir da metade do final do século XIX. Nesse processo, as mudanças nas tarefas com a mecanização e presença do gás e eletricidade tiveram um papel importante, forçando novas dinâmicas que afetaram estruturalmente o morar, a cidade e as relações sociais.
[...]
A abolição da escravidão em 1888 poderia ter provocado grandes modificações no trabalho doméstico ao retirar sua principal mão de obra, prejudicando seu funcionamento. Entretanto, isso não ocorreu, já que havia um grande contingente de trabalhadores desempregados nos centros urbanos, disponíveis para as atividades domésticas. (Silva, 2008, p. 142-143)

Os fogões a gás tiveram uma entrada tímida e lenta nas cozinhas brasileiras, mas a novidade foi gradativamente adotada nas residências urbanas, atendendo às demandas do ritmo de vida urbano, que exigia rapidez e agilidade em todas as atividades cotidianas, até mesmo nas realizadas na cozinha.

A novidade do fogão a gás foi anunciada às donas de casa em uma sequência de propagandas da Société Anonyme du Gaz, veiculadas na revista *Fon Fon*, em 1911. De acordo com a propaganda, o gás permitiria um trabalho doméstico de preparação dos alimentos mais rápido, mais limpo e mais econômico. De fato, em comparação com os fogões a lenha – que geravam fumaça e fuligem, exigiam um tempo de preparo dos alimentos consideravelmente superior e cujo controle de temperatura era feito graças à sensibilidade da cozinheira (e aos vários anos de experiência) –, os fogões a gás representaram uma significativa inovação.

Figura 4.6 – Propagandas da Société Anonyme du Gaz (1911)

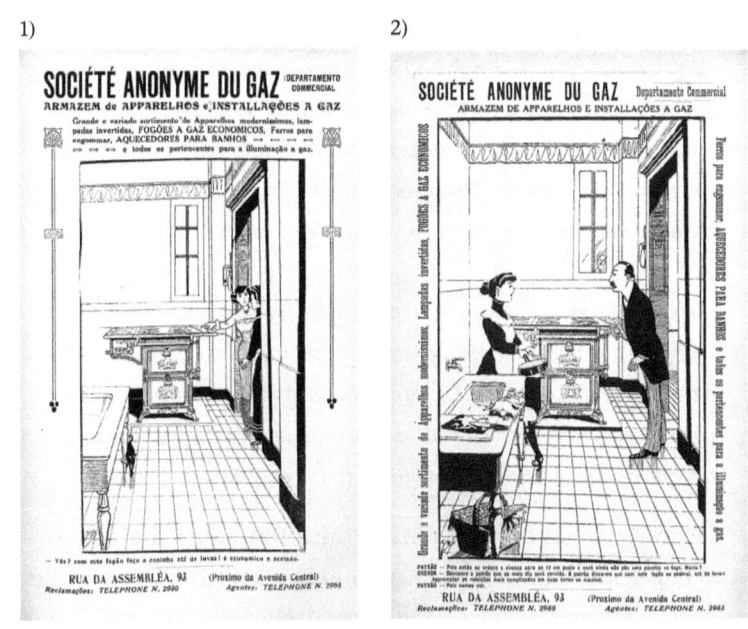

1)

Fonte: Fon fon, 1911, p. 47.

2)

Fonte: Fon fon, 1911, p. 12.

(continua)

(Figura 4.6 – conclusão)

3)

Fonte: Fon fon, 1911, p. 12.

4)

Fonte: Fon fon, 1911, p. 12.

5)

Fonte: Fon fon, 1911, p. 16.

6)

Fonte: Fon fon, 1911, p. 18.

O advento do gás alterou os processos e o espaço das cozinhas e, consequentemente, as estruturas arquitetônicas das residências brasileiras – por exemplo, motivou o surgimento dos edifícios de apartamentos residenciais. Antes da disponibilidade do gás de cozinha, a lenha e o carvão eram os principais combustíveis para os fogões, fato que exigia chaminés em todas as cozinhas. Isso impossibilitava que apartamentos residenciais fossem construídos, tendo em vista as exigências técnicas e os perigos que o uso de tais combustíveis apresentava. Com o fogão a gás, liberando-se a cozinha da chaminé, passou a ser possível construir várias cozinhas umas sobre as outras, inaugurando-se a era dos prédios de apartamentos residenciais no Brasil, fato que data da metade da primeira década do século XX, principalmente nas cidades que já dispunham do abastecimento de gás.

A cozinha como espaço físico foi, portanto, alterada com a chegada do gás e da eletricidade. Casas projetadas antes do fornecimento residencial de eletricidade não foram planejadas com tomadas, pois nem mesmo havia aparelhos para ligar nelas.

Nas novas cozinhas, os aparelhos elétricos ganharam destaque com precedência, a começar pela geladeira. Para ligar esses novos equipamentos, entretanto, eram necessárias pelo menos duas tomadas no cômodo: uma para a geladeira, que ficaria constantemente ocupada, e outra que poderia servir aos demais eletrodomésticos, como liquidificadores e batedeiras.

Assim, novas cozinhas passaram a ser projetadas. Um exemplo do novo modelo é uma casa específica localizada em Curitiba, que foi planejada em estilo modernista. A casa, que serviria de residência para a família de Nelson Justus, foi encomendada ao arquiteto Lolô Cornelsen em fins de 1945. Para a cozinha da família, o arquiteto projetou a instalação de 11 tomadas, mais um ventilador, um balcão frigorífico e uma torneira elétrica. A solução apresentada pelo arquiteto ao seu cliente deve, possivelmente, ter gerado não só dúvidas, mas um grande espanto, afinal, na década de 1940, os aparelhos eletrodomésticos no Brasil ainda estavam se popularizando e eram raros na maioria das residências brasileiras. No entanto, o arquiteto Lolô Cornelsen previu a expansão dos aparelhos que revolucionaram as cozinhas brasileiras, bem como as relações sociais e do trabalho doméstico na segunda metade do século XX.

Paralelamente às inovações que o gás e a eletricidade trouxeram às cozinhas brasileiras, é preciso considerar a proliferação dos apartamentos residenciais e a diminuição da área construída das cozinhas, que passaram a ser mais funcionais e contar com novos elementos específicos, como azulejos decorados, pisos cerâmicos e mobiliário funcional. Nesse processo, é inegável a valorização do papel da mulher, que assumiu outras funções para além do espaço da residência e impeliu "a uma melhoria e otimização do ato de cuidar da casa, apesar da resistência machista" (Veríssimo; Bittar, 1999, p. 113).

A arquitetura residencial brasileira guarda, como afirmamos anteriormente, um vasto acervo de informações que podem ser inquiridas para analisar as mudanças e as permanências históricas relativas àquele espaço que é o canto de cada um no mundo, a esse cosmos em toda a acepção do termo, como indica Bachelard (1998). Pelo exemplo da cozinha brevemente tratado nesta seção, foi possível demonstrar que a arquitetura de uma casa pode ser uma linguagem entendida como fonte histórica, podendo compor as aulas de História se realizado o devido processo de análise. O trabalho pode ser empreendido pela análise tanto de seus ambientes e aposentos internos quanto de sua estrutura e apresentação externa. Assim, a análise pode levar em consideração os elementos construtivos, as soluções adotadas, as adequações às legislações municipais, aos estilos artísticos e ornamentais etc. Em outras palavras, a arquitetura das casas conta histórias e faz parte da história a ser ensinada e aprendida em sala de aula.

Síntese

Ao longo deste capítulo, examinamos obras de arte e de arquitetura expressas na forma de esculturas, pinturas, plantas urbanísticas e plantas arquitetônicas.

Dando continuidade ao trabalho proposto nos demais capítulos, relacionamos as obras apresentadas com possibilidades de investigação histórica, ou seja, considerando-as como fontes históricas que podem revelar informações a respeito de tempos e lugares específicos.

Nesse contexto, demonstramos como a escultura e a pintura podem evidenciar não apenas características de determinada época, mas também sua influênia em épocas posteriores. Também indicamos como as cidades refletem gostos e vontades, com o traçado de suas ruas e a disposição dos usos do solo.

Por fim, destacamos que a arquitetura residencial, tão próxima de nosso cotidiano, muitas vezes é desprezada no contexto acadêmico, apesar de guardar muitas informações de determinada sociedade e ser excelente fonte para as aulas de História.

Atividades de autoavaliação

1. Sobre o uso das artes plásticas e da arquitetura nas aulas de História, assinale a alternativa correta:
   a) Em razão das dimensões de muitas obras de arte e das construções arquitetônicas, é impossível explorar essas linguagens nas aulas de História.

b) Esculturas, pinturas e obras arquitetônicas são bastante reveladoras da sociedade em que foram criadas.
c) É preciso delimitar com especificidade o que são artes plásticas e o que é arquitetura, pois para as aulas de História isso é fundamental.
d) Assim como a linguagem do cinema, a das artes plásticas só serve para ilustrar as aulas de História.

2. Leia as afirmações a seguir sobre o uso de esculturas nas aulas de História:

i) Esculturas, como o *Discóbolo*, dificilmente aparecem nas aulas de História, tampouco nos livros didáticos.
ii) O trabalho com esculturas nas aulas de História pressupõe explorá-las como fontes históricas.
iii) A análise de uma escultura nas aulas de História deve contar com o apoio dos conhecimentos prévios dos estudantes.
iv) É importante situar a escultura em relação ao contexto histórico no qual ela foi produzida e em relação ao artista que a criou.

Agora, assinale a alternativa correta:

a) Apenas as afirmações I, II e III são corretas.
b) Apenas as afirmações I, III e IV são corretas.
c) Apenas as afirmações II, III e IV são corretas.
d) Apenas as afirmações I, II e IV são corretas.

3. Sobre o uso de esculturas nas aulas de História, assinale a alternativa correta:
   a) Obras de arte, por suas características técnicas, impossibilitam o estabelecimento de relações histórico-culturais.
   b) Toda obra de arte pode ser analisada historicamente, desde que a análise seja precedida pelo domínio de determinada metodologia.
   c) A falta de referência cultural dos estudantes é o principal motivo de os professores de História evitarem a utilização de obras de arte em suas aulas.
   d) Uma obra de arte só pode ser analisada de acordo com as intenções do artista que a concebeu, por isso apenas obras de arte clássicas devem ser utilizadas como fonte nas aulas de História.

4. Leia as afirmações a seguir sobre o uso das artes plásticas nas aulas de História:
   i) Para o trabalho em sala de aula, o professor só deve escolher obras de arte de que os estudantes gostem.
   ii) A dificuldade de levar para as salas de aula as obras de arte originais impede que elas sejam utilizadas como fontes.
   iii) É sempre importante tratar as artes plásticas como produção cultural de cada época e sociedade.
   iv) Para o trabalho em sala de aula, o professor deve estar ciente de que os códigos do "bom gosto" foram historicamente construídos.

Agora, assinale a alternativa correta:

a) Apenas as afirmações I e III são corretas.
b) Apenas as afirmações I e IV são corretas.
c) Apenas as afirmações III e IV são corretas.
d) Apenas as afirmações II e IV são corretas.

5. A respeito da utilização de obras de arte como fonte para as aulas de História, assinale a alternativa correta:
   a) O período histórico da Antiguidade não oferece obras de arte como fontes para as aulas de História.
   b) As obras de arte do período medieval, por suas características religiosas, inviabilizam a realização de análises históricas.
   c) Toda obra de arte, desde que devidamente contextualizada, possibilita a realização de uma análise histórica.
   d) Obras de arte abstrata, por suas características inatas, não possibilitam a realização de análises históricas nas aulas de História.

Atividades de aprendizagem

Questões para reflexão

1. Pesquise as obras *Chuva, vapor e velocidade*, de Joseph Mallord William Turner, e *O Grito*, de Edvard Munch. A pesquisa deve focar, inicialmente, os dados técnicos de cada uma das obras. Posteriormente, pesquise informações sobre o contexto de produção das obras, bem como de seus autores. Reúna as informações e pense em um planejamento para explorá-las em uma possível sequência didática que tenha o século XIX como foco.

2. Providencie algumas plantas residenciais (projetos arquitetônicos para residências) de sua cidade de décadas e, se possível, de séculos diferentes[5]. Depois, compare as plantas buscando estabelecer semelhanças e diferenças entre determinados períodos, principalmente no que se refere às soluções arquitetônicas adotadas para ambientes como salas, cozinhas, quartos e banheiros.

Atividade aplicada: prática

1. Pesquise informações a respeito do plano urbanístico de sua cidade, ou simplesmente plantas urbanas e mapas – tendo em vista que a maioria das cidades brasileiras sequer possui um plano urbanístico. Em seguida, pesquise informações sobre a organização urbana em períodos passados (décadas e séculos, quando possível). Procure, com base em outras fontes investigadas, a localização de edifícios e lugares como mercados, hospitais, cemitérios, igrejas, escolas e praças. Reúna todas as informações coletadas e elabore uma narrativa explicando as transformações históricas ocorridas na cidade pesquisada.

---

[5] *A atividade também pode ser realizada por meio de visita a residências projetadas e construídas em diversas épocas.*

Capítulo 5
Patrimônio cultural, cartografia e mapas nas aulas de História

Como as possibilidades de utilização de linguagens entendidas como fontes históricas nas aulas de História são múltiplas, abordaremos neste capítulo algumas que não têm ocupado lugar de destaque nas salas de aula: patrimônio cultural, cartografia e mapas.

Trataremos do patrimônio cultural, tanto material quanto imaterial, em uma perspectiva de valorização das identidades dos sujeitos envolvidos nos processos de ensino-aprendizagem.

Na sequência, demontraremos como a cartografia e os mapas, linguagens que são mais exploradas nas aulas de Geografia, podem conquistar lugar cativo nas aulas de História. Os mapas, como representação cartográfica, encerram muitas evidências do período em que foram criados, revelando aspectos da sociedade que os criou e de como se entendia o mundo.

Por fim, apresentaremos como possibilidade as novas tecnologias da informação e comunicação (TICs), mais especificamente os aplicativos geoespaciais. Para isso, indicaremos alguns elementos específicos dessa nova linguagem e algumas abordagens possíveis mediante o uso de aplicativos geoespaciais nas aulas de História.

(5.1)
Patrimônio cultural

Trabalhar com o patrimônio cultural nas aulas de História é um caminho viável para se refletir sobre aquilo que é identitário em determinada comunidade ou sociedade, tendo em vista a colaboração para a preservação das identidades de determinado grupo social. Além disso, trabalhar com o patrimônio cultural é também trabalhar com memórias, considerando-se a busca pelas reminiscências nas matrizes históricas de pessoas, famílias e comunidades, o que acaba por (res)significar elementos que compõem as identidades. Assim, patrimônio cultural e identidade relacionam-se entre si e estão diretamente vinculados à história e à memória, pois o patrimônio cultural associa--se à preservação da memória coletiva, entendida como uma dimensão fundamental da identidade dos indivíduos tomados em coletividade.

Nas aulas de História, o trabalho com o patrimônio cultural pode ser considerado motivador para os estudantes, já que as temáticas abordadas, por terem relação com um passado do qual (re)conhecem vestígios, podem despertar interesse. Nesse sentido, os alunos terão contato direto com o meio no qual estão inseridos, o que permite que eles compreendam melhor o entorno sociocultural ao ler, identificar, interpretar e explicar as variadas linguagens do patrimônio cultural. Por isso, é comum que o patrimônio cultural trabalhado nas aulas de História seja justamente o disponível no meio local e regional da escola e dos estudantes, como o espaço urbano, os bens culturais existentes e as expressões de vida e tradições da comunidade, de seus grupos e de seus indivíduos.

> O patrimônio cultural associa-se à preservação da memória coletiva, entendida como uma dimensão fundamental da identidade dos indivíduos tomados em coletividade.

De acordo com o art. 216 da Constituição Federal (Brasil, 1988), são patrimônios históricos:

> Art. 216. [...] os bens de natureza material e imaterial, tomados individualmente ou em conjunto, portadores de referência à identidade, à ação, à memória dos diferentes grupos formadores da sociedade brasileira, nos quais se incluem:
> I – as formas de expressão;
> II – os modos de criar, fazer e viver;
> III – as criações científicas, artísticas e tecnológicas;

IV – as obras, objetos, documentos, edificações e demais espaços destinados às manifestações artístico-culturais;

V – os conjuntos urbanos e sítios de valor histórico, paisagístico, artístico, arqueológico, paleontológico, ecológico e científico.

O Instituto do Patrimônio Histórico e Artístico Nacional (Iphan) assim diferencia os patrimônios imateriais dos materiais:

Os bens culturais imateriais estão relacionados aos saberes, às habilidades, às crenças, às práticas, ao modo de ser das pessoas. Desta forma podem ser considerados bens imateriais: conhecimentos enraizados no cotidiano das comunidades; manifestações literárias, musicais, plásticas, cênicas e lúdicas; rituais e festas que marcam a vivência coletiva da religiosidade, do entretenimento e de outras práticas da vida social; além de mercados, feiras, santuários, praças e demais espaços onde se concentram e se reproduzem práticas culturais.

[...]

O patrimônio material é formado por um conjunto de bens culturais classificados segundo sua natureza: arqueológico, paisagístico e etnográfico; histórico; belas artes; e das artes aplicadas. Eles estão divididos em bens imóveis – núcleos urbanos, sítios arqueológicos e paisagísticos e bens individuais – e móveis – coleções arqueológicas, acervos museológicos, documentais, bibliográficos, arquivísticos, videográficos, fotográficos e cinematográficos. (Brasil, 2009)

Como podemos notar, há uma infinidade de bens de natureza material e imaterial que constituem o que é denominado *patrimônio cultural* no Brasil. Esses bens podem aparecer em variados tipos de linguagens que, se entendidas como fontes históricas, são um meio relevante para as aulas de História, contribuindo para a construção e o desenvolvimento do conhecimento histórico e de sentidos de pertencimento pelos estudantes. Além disso, o trabalho direto com o patrimônio cultural certamente contribui para a construção de uma identidade multifacetada em uma sociedade que se pretende aberta e plural, como defende a pesquisadora Helena Pinto (2009, p. 298):

> *A exploração educativa do patrimônio, de forma sistemática e fundamentada, poderá permitir o desenvolvimento do pensamento histórico e social, e a aquisição de múltiplas competências (compreensão-contextualização), articulando aspectos teóricos e práticos, e estimulando uma atitude de descoberta por parte dos participantes. Devem, por isso, desenhar-se experiências educativas de contato direto com o patrimônio [...] de modo a suscitarem o envolvimento ativo dos jovens na construção do seu próprio saber.*

Identificar e (re)conhecer o patrimônio cultural é o ponto de partida para que os aprendizes possam ressignificá-lo, atribuindo-lhe sentidos de acordo com as próprias interpretações daquilo que deve ser preservado. Porém, antes de iniciar qualquer trabalho nesse campo, o docente deve avaliar qual é sua concepção de patrimônio cultural e, posteriormente, qual é a concepção prévia dos estudantes. Certamente, há concepções bastante diversas entre si sobre o que é patrimônio cultural, o que se constitui, por si só, em um dos fatores fundamentais do constructo individual e coletivo dos sujeitos e dos grupos, o elemento fundador das consciências históricas.

Nessa perspectiva, diante de qualquer tentativa de identificação e (re)conhecimento do patrimônio cultural, com fins de preservação e salvaguarda, é imprescindível conhecer, pormenorizadamente, o que cada sujeito, entre professores e alunos, considera como patrimônio cultural. Essa tarefa acaba revelando outros elementos específicos para esse tipo de trabalho, já que nem sempre as concepções são similares e convergentes. Essa estratégia também revela quais são, conforme as concepções prévias de cada sujeito, os patrimônios culturais considerados significativos, independentemente do fato de aquilo que foi identificado como patrimônio cultural ter sido oficialmente instituído. Com efeito, nossa experiência demonstra que, nas iniciativas de educação patrimonial, acabamos nos deparando, às vezes, com a rejeição daquilo que é declarado como patrimônio cultural pelos órgãos oficiais, não sendo aceito nem reconhecido pelos sujeitos. Por isso, é importante permitir aos estudantes que, em um primeiro momento, com base em seus conhecimentos prévios, identifiquem aquilo que reconhecem como patrimônio cultural. Dessa forma, acreditamos ser possível dar o primeiro passo para um processo de educação patrimonial que possa, de fato, explorar esse recurso como "fontes históricas relevantes para o processo de ensino-aprendizagem, bem como para a construção de sentidos de pertença pelos jovens" (Pinto, 2009, p. 282-283).

Cumprida a primeira etapa, é pertinente passar para um caso concreto, no qual o contato direto, vivencial, pode ser estimulante e motivador. A possibilidade de romper com os muros da escola é uma alternativa normalmente estimada pelos alunos, além do fato de que o contato mais próximo com o patrimônio cultural a ser estudado tende a ser mais significativo e facilitar a apreensão dos conceitos históricos. Sair à rua e visitar as proximidades da escola, algum espaço histórico ou um museu é uma fonte viva de aprendizagem que envolve o componente lúdico e deixa de lado a aula meramente expositiva. De acordo com Pinto (2009, p. 281), as visitas de estudo são extremamente válidas por propiciarem o contato direto e vivencial com os bens culturais, além de constituírem "uma situação de aprendizagem que favorece a aquisição de conhecimentos, proporciona o desenvolvimento de técnicas de pesquisa, promove a interligação entre teoria e prática, e facilita a sociabilidade".

Na impossibilidade de uma visita ao museu, por exemplo, consideramos apropriado privilegiar o entorno da escola, valorizando-se as realidades locais e regionais na perspectiva da história e da cultura. Esse caminho é bastante promissor, apesar de pouco explorado. Trata-se de uma abordagem possível para as diversas linguagens do patrimônio cultural entendidas como fontes históricas, de modo a oferecer condições para que os alunos possam discutir o tema e envolver-se com situações próximas de seu cotidiano, sobretudo as relacionadas ao patrimônio cultural em questão.

Há uma vasta gama de possibilidades que pode, e deve, ser explorada em encaminhamentos diversos, como: ruas e seus nomes; edifícios vizinhos e suas funções; pessoas e as atividades por elas exercidas. Esses encaminhamentos favorecem que os aprendizes se integrem nesse entorno que também lhes pertence, evidenciando que o protagonismo social é condição *sine qua non* para o pleno exercício da cidadania – considerada, em seu sentido mais amplo, como "uma ação política construída paulatinamente por homens e mulheres para a transformação de uma realidade específica, pela ampliação de direitos e deveres comuns" (Silva; Silva, 2008, p. 47).

Tomemos o filme *Cortina de fumaça*, de 1995, de Paul Auster e Wayne Wang, para refletir sobre como uma rua pode assumir funções e significados muito variados, dependendo de como olhamos para ela. No referido filme, Auggie, interpretado por Harvey Keitel, é o responsável pelo excêntrico projeto de fotografar sua loja, uma tabacaria, diariamente no mesmo horário – todos os dias sempre no início da manhã. Em determinada cena, as fotografias ganham destaque, afinal, são mais de 4 mil registros fotográficos que, diante de um observador incauto, parecem a mesma fotografia. Porém, o que se vê na coleção fotográfica de Auggie é a passagem do tempo, mais de dez anos, ao longo dos quais circularam por ali pessoas diferentes e ocorreram fatos diversos. Temos, assim, um mesmo ponto de vista que revela transformações em um mesmo lugar. Paul Benjamin, interpretado por William Hurt, ao conhecer a coleção de fotografias de Auggie, identifica em uma das fotos sua esposa, Ellen, que havia sido assassinada quando estava grávida de cinco meses.

A mesma rua, portanto, assumiu funções e significados diferentes ao longo dos mais de 4 mil dias nos quais foram feitos os registros fotográficos. Para alguns, parecia a mesma rua. Para outros, as fotografias expuseram transformações e permanências. Para Paul Benjamin, uma fotografia ativou a lembrança de sua amada esposa.

Algo semelhante pode acontecer ao se tomar o entorno da escola como objeto para a identificação, a interpretação e a explicação de determinada realidade, bem como a atribuição de significados a essa realidade, pela perspectiva da história e da cultura. Cada sujeito envolvido no processo poderá enxergar, ou não, um patrimônio cultural com o qual se identifique. E não há problema algum nisso, salvo o fato de que os docentes precisam estar preparados para essas situações, que acabam apresentando mais possibilidades ainda para o trabalho com o patrimônio cultural.

É possível também pensar a escola como um universo capaz de reunir formas de expressão e modos de criar, como criações científicas, artísticas e tecnológicas, assim como obras, objetos e documentos. A edificação e os demais espaços destinados ao cotidiano escolar compõem uma miríade de possibilidades a serem exploradas nas aulas de História. Para explorar a escola como patrimônio cultural, primeiramente é preciso identificá-lo, o que implica reconhecer aquilo que na escola é encarado como tal.

A despeito da abordagem escolhida, é salutar ter em mente que a ideia/conceito de *patrimônio cultural* é algo distante do cotidiano vivido pelos alunos, e não raro dos próprios professores, o que demanda estudo e planejamento. Isso pode dar a impressão de que patrimônio cultural é algo transcendente, algo além das experiências e vivências das "pessoas comuns", que, apesar de importante, não lhes diz respeito, ou, o que é pior, algo cuja aura o torna demasiadamente importante para ser abordado e fruído pelos sujeitos.

Em seguida, devem ocorrer o esclarecimento e o convencimento de que é possível nos envolvermos diretamente nas atividades de identificar, interpretar e explicar o patrimônio cultural, bem como de atribuir-lhe significados, afinal, o objetivo é o protagonismo dos estudantes. Nesse sentido, é preciso haver construção de sentidos e de pertencimento. Feito isso, é hora de arrolar aquilo que pode ser considerado como patrimônio cultural, tarefa que exige a relação com o outro, com os outros, já que a ideia de patrimônio cultural está relacionada à identidade, à ação e à memória dos diferentes grupos formadores da sociedade brasileira.

Há manifestações que os aprendizes consideram representativas daquilo que concebem como seu patrimônio cultural, mas que não figuram como bens culturais reconhecidos e/ou tombados oficialmente, em um eventual indicativo do despertar de uma consciência histórica apta a identificar e reconhecer diversas manifestações que possam vir a compor o acervo do patrimônio cultural daquele grupo social. Com isso, concluímos que só é possível identificar e reconhecer um patrimônio cultural a partir do momento em que se conhece patrimônio cultural como ideia e conceito, passível de ser apreendido e vivenciado pelos sujeitos.

Assim, acreditamos em uma educação patrimonial como um processo educativo destinado à "construção coletiva do conhecimento, pelo diálogo entre os agentes sociais e participação efetiva das comunidades detentoras das referências culturais onde convivem noções de patrimônio cultural diversas" (Iphan, 2018). Desse modo, a preservação histórica dos patrimônios culturais e a educação patrimonial são uma possibilidade de trabalho com linguagens entendidas como fontes históricas. Entretanto, devemos salientar que esse recurso não deve ser explorado apenas como monumentos vistos de maneira acrítica e que nem sempre correspondem a uma identificação pelos sujeitos, como explicam Silva e Silva (2008, p. 327):

> *a busca da sociedade por se interessar por seu passado ainda é baseada quase sempre em monumentos, em sobras de um passado que ela escolheu lembrar. [...] No entanto, tal olhar muitas vezes é acrítico, pois busca apenas o pitoresco e não se preocupa com os problemas estruturais, com a história que moldou cada período, com a razão de ser daqueles monumentos. [...] Além disso, precisamos nos perguntar constantemente se a comunidade tem, de fato, alguma identificação com aquele passado, "glorioso" ou não, que está sendo evocado pelo patrimônio, sempre nos preocupando também em estabelecer formas de trabalhar a relação cidadania e educação patrimonial, pois não há como valorizar o passado sem a tomada de consciência social, assim como não há conscientização cidadã sem o conhecimento da História.*

Entendemos, portanto, que uma sociedade justa e igualitária só será viável com o respeito a todas as manifestações culturais e ideológicas, permitindo-se que os sujeitos assumam suas próprias identidades culturais, e que é somente por meio da afirmação de identidades culturais diversas e de uma contínua melhora na qualidade de vida de todas as pessoas que alcançaremos a cidadania plena, com cidadãos conscientes de seus papéis como sujeitos históricos.

(5.2)
CARTOGRAFIA E MAPAS

A utilização de mapas nas aulas de História é imprescindível, apesar de a utilização dessas representações ser mais comum entre os docentes de Geografia. Como ponto de partida, vale ressaltar que os mapas são representações da superfície da Terra que conservam com esta relações matematicamente definidas de escala, de localização e de projeção no plano.

Mapas podem ser, além da representação cartográfica em si, uma linguagem entendida como fonte histórica. Por isso, podem ser analisados sob o prisma da história, como uma produção de uma sociedade em tempo e lugar determinados, pois "resultam de uma história de estudos teóricos, de informação e técnica. A cartografia moderna, apoiada no crescente avanço tecnológico, tem produzido mapas cada vez mais precisos" (Almeida, 2004, p. 13). Em outras palavras, esse tipo de recurso constitui uma representação social de "determinado espaço real", assim como representa "uma organização dos elementos que compõem o espaço" (Castrogiovanni, 2012, p. 33).

A despeito da produção de mapas cada vez mais precisos, fruto da técnica e da tecnologia contemporâneas, é fundamental notar que os mapas podem revelar as concepções de mundo criadas ao longo dos séculos em diferentes culturas (Almeida, 2004). Em outros termos, os mapas oferecem elementos que permitem ao historiador analisar visões de mundo, tomando como base contextualizações históricas e culturais. Obviamente, quando analisados como fontes históricas, os mapas exigem que suas funções também sejam objeto do escrutínio.

A utilização desse recurso em sala de aula pressupõe que os estudantes disponham de conhecimentos prévios, bem como de habilidades desenvolvidas no cotidiano, principalmente com relação às tecnologias da informação e comunicação (TICs), como o uso de imagens de satélite e GPS. Conhecimentos prévios e algumas habilidades não bastam se o objetivo é que os aprendizes se posicionem criticamente diante da leitura e da interpretação de mapas e demais representações cartográficas. Trata-se de uma tarefa que exige a capacidade de decodificar as informações contidas neles, pois os mapas são elaborados com base em codificações que envolvem signos, projeções e escalas. Logo, não basta apresentar um mapa para o estudante esperando que ele o decodifique sozinho: "o aluno precisa ser preparado para 'ler' representações cartográficas" (Castrogiovanni, 2012, p. 35).

Assim como os professores de História precisam construir os próprios mapas, o mesmo deve ocorrer com seus alunos. Ambos devem colocar-se na posição de sujeitos de sua ação de construção do conhecimento. Codificar e transpor informações para mapas auxilia na tarefa oposta, ou seja, a de decodificar e interpretar as informações dos mapas, afinal, "só lê mapas quem aprendeu a construí-los" (Castrogiovanni, 2012, p. 35).

Nas aulas de História, a contextualização histórica deve ocorrer simultaneamente à decodificação dos mapas, pois assim é possível relacionar as variadas informações disponíveis de modo a construir um todo plausível e inteligível. Como exemplo, podemos afirmar que em um tempo e lugar determinados há elementos de organização e reorganização do espaço que são próprios daquela conjuntura histórica: "a organização espacial é a expressão material do homem, resultado do trabalho social. Ela reflete as características do grupo que a construiu" (Castrogiovanni, 2012, p. 55).

Os mapas, linguagem entendida como fonte histórica, podem servir aos propósitos dos docentes desejosos de outras formas de conhecer e ensinar que não apenas aquelas pautadas na oralidade e na escrita. Os mapas podem auxiliar no estabelecimento das relações de continuidade/permanência e de ruptura/transformação, algo característico dos processos históricos; no desenvolvimento da capacidade de relativizar concepções de tempo distintas; e na compreensão das diversas formas de periodização do tempo cronológico, reconhecendo-as como construções culturais e históricas.

Mapas como fontes históricas são mais do que simples representações gráficas e cartográficas dos espaços: eles carregam signos, técnicas e tecnologias; espelham a vida social e a organização do trabalho; e indicam a produção e a circulação de riquezas. Esse recurso também permite compreender os elementos culturais que constituem as identidades; evidencia como as relações socioeconômicas e culturais de poder alteram os espaços geográficos; e guarda informações de como a vida social, o desenvolvimento do conhecimento e os processos de produção são constantemente alterados pelas transformações técnicas e tecnológicas.

5.2.1 O MUNDO EM UM MAPA

O uso da linguagem de mapas como fonte histórica exige a leitura dos signos, das técnicas e das tecnologias empregadas na confecção dessas representações cartográficas. Como exemplo, apresentamos um mapa do mundo da segunda metade do século XVI, período em que o mundo estava sendo (re)descoberto e suas informações, registradas. Trata-se de um mapa do atlas *Theatrum Orbis Terrarum* (*Teatro do Globo Terrestre*), primeiro atlas a apresentar, em pranchas de 337 mm × 508 mm, todos os elementos característicos dos atlas modernos:

> *Inspirando-se nessas coleções italianas e nas edições recentes da obra de Ptolomeu, que apresentavam um mapa-múndi, seguido de cartas especiais dos três continentes conhecidos na Antiguidade, e de cartas modernas que revelavam os avanços dos conhecimentos geográficos desde então, Abraham Ortelius (1527-1598), da Antuérpia, decidiu-se a publicar uma obra diferente: um conjunto de mapas de mesmo formato, com um apenas para cada área representada, retratando todo o mundo recém-descoberto, baseando-se em diversos documentos cartográficos antigos e modernos. Ela viria a ser considerada, por suas características inovadoras, o primeiro atlas moderno.*
>
> *[...]*
>
> *As novidades introduzidas pela obra de Ortelius na produção cartográfica podem ser assim resumidas: conferia uma ordem lógica às cartas, apresentando das mais gerais para as mais específicas (mapa-múndi, Europa, Ásia, África, América e cartas parciais), fornecia uma lista de autores que tiveram trabalhos consultados para a confecção das cartas, fazia adendos nas sucessivas edições para corrigir eventuais erros e manter-se, na medida do possível, atualizada em relação ao conhecimento geográfico, e ainda complementava o volume com cartas do mundo clássico.* (Neves, 2012, p. 45-46)

Figura 5.1 – *Typus Orbis Terrarum*, a forma do globo terrestre no *Theatrum Orbis Terrarum* (1570)

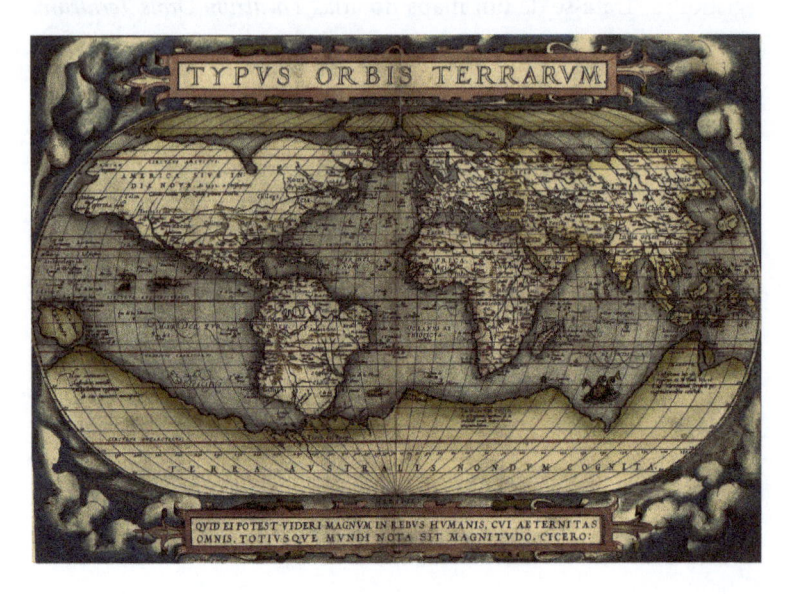

O mapa concebido em projeção oval apresenta o mundo inteiro, de polo a polo, tendo em sua porção central o Oceano Atlântico. Na legenda inferior, uma citação de Cícero: *"Quid ei potest videri magnum in rebus humanis, cui aeternitas omnis, totiusque mundi nota sit magnitudo"*, algo como "O que poderá parecer importante em assuntos humanos para alguém que conhece a eternidade e a vastidão do mundo?". Após o levantamento inicial de informações da fonte a ser analisada – um mapa do mundo, concebido pelo cartógrafo flamengo Abraham Ortelius, publicado em um atlas de 1570 etc. –, é preciso proceder à sua descrição, buscando-se elencar a maior quantidade de detalhes disponíveis.

A América do Norte, ainda em grande parte inexplorada pelos europeus, é apresentada de maneira especulativa, com a Costa Leste projetando-se visivelmente para o Leste – um produto de medições imprecisas de longitudes e variação magnética. Não há rastro do Rio Mississippi, assim como não há vestígios dos Grandes Lagos. A curiosa inclusão das referências do polo nos mapas da América do Norte ressalta o fato de que, no final do século XVI, os cartógrafos europeus permaneciam incertos quanto à relação entre a Ásia e a América do Norte.

A América do Sul é mais notável pela grande protuberância que aparece na costa ocidental nas imediações do Chile moderno. Essa anomalia apareceu nas primeiras edições de vários mapas de Ortelius – erro derivado das pesquisas de Mercator, estudioso flamengo que pode ter tido dificuldade em conciliar relatórios conflitantes de navegadores espanhóis. Na ponta da América do Sul, localiza-se o Estreito de Magalhães e, no vasto continente de Terra Australis, a Terra do Fogo. Mais ao norte, é possível discernir claramente o Rio da Prata e, claro, o Rio Amazonas. Vários centros conhecidos são mapeados, incluindo Lima, Quito, Cusco e Caracas.

As regiões polares do Sul são dominadas pelo vasto continente de Terra Australis. A base teórica relativa ao continente remonta aos escritos de Aristóteles, que ensinavam que o globo deve estar em equilíbrio – assim como as Américas contrabalançariam a Europa e a África, outro continente ainda não descoberto deveria contrabalançar a Ásia.

No mapa em questão, a Ásia ganha destaque: embora a Sumatra seja reconhecível, o Japão é mapeado como uma massa globular; não há sinal da Coreia; não há menção à Grande Muralha; as ilhas da Índia Oriental são tipicamente ilegíveis; e Java apresenta uma forma bulbosa.

A África segue uma forma padronizada com dois grandes sistemas fluviais, o Nilo e o Níger, dominando o continente. O mapeamento aqui sugere que a comunicação fluvial através do continente seria possível. Essa ambição mais tarde se revelaria impraticável.

De maneira paralela à etapa de descrição dos detalhes disponíveis, devem ser mobilizados os saberes e conhecimentos prévios. Nesse sentido, deve-se buscar situar o documento em seu contexto e em relação a seu autor. Isso torna possível identificar a natureza do mapa do mundo de Ortelius e, consequentemente, explicá-lo. Por fim, é possível criticar o documento, isto é, atribuir-lhe significados que sejam historicamente inteligíveis e plausíveis.

O mapa em questão, nesse sentido, apresenta uma visão do espaço físico de todo o mundo que é resultado das ideias e das crenças que a sustentam, como afirma Brotton (2014, p. 12-13): "Uma visão de mundo dá origem a um mapa do mundo, mas este, por sua vez, define a visão do mundo de sua cultura". A cultura que deu origem ao atlas *Theatrum Orbis Terrarum*, por exemplo, foi a cultura renascentista, na qual os cartógrafos acreditavam que o leitor de mapas devia ser considerado um espectador de teatro, orientação que Ortelius seguiu ao pé da letra, inclusive ao dar a seu atlas o título de *Theatrum* e definir uma posição para o observador de seu mapa do mundo:

> Em 1570, o cartógrafo flamengo Abraham Ortelius publicou um livro que continha mapas do mundo e de suas regiões intitulado Theatrum orbis terrarum – "Teatro do mundo". Ortelius utilizou a definição grega de teatro – theatron – como "lugar para ver um espetáculo". Como em um teatro, os mapas que se desenrolam diante dos nossos olhos apresentam uma versão criativa de uma realidade que acreditamos conhecer, mas no processo a transformam em algo muito diferente. Para Ortelius e muitos outros cartógrafos renascentistas, a geografia é "o olho da história", um teatro de memória, porque, como ele diz, "o mapa sendo aberto diante de nossos olhos, podemos ver as coisas feitas ou lugares onde foram feitas,

como se estivessem no tempo presente". O mapa funciona como um espelho, ou "vidro", porque "as cartas sendo colocadas como se fossem certos vidros diante de nossos olhos ficarão por mais tempo na memória e causarão a impressão mais profunda em nós". (Brotton, 2014, p. 17)

Assim, por meio da análise do referido mapa, é possível afirmar que sua origem reside na ânsia do conhecimento global, do controle total, uma das marcas características do contexto histórico de produção do atlas, ou seja, no contexto do processo histórico de expansionismo marítimo europeu, do Renascimento – cultural e comercial – e do humanismo. O mapa, assim como o próprio atlas, tinha uma função específica: a de registrar o conhecimento disponível de modo a torná-lo facilmente acessível a todas as pessoas interessadas. Um mapa como o *Typus Orbis Terrarum* não era concebido para ser manuseado em viagens ao redor do mundo, mas para ser consultado como fonte de informações sobre o mundo. Por isso, trata-se de um mapa que oferece aos docentes múltiplas possibilidades de abordagens em sala de aula.

De todo modo, é importante salientar que esse mapa, como qualquer outro a ser utilizado como fonte histórica em sala de aula, carrega um peso simbólico que reflete o contexto social, político, cultural, econômico, religioso etc. da época, bem como esconde questões que precisam ser descobertas/investigadas – por que foi feito, quem o fez e com quais objetivos. Afinal, um mapa é uma representação e, como toda representação, é formado por ideias, conceitos e condições em relação direta com seu autor. O próprio Ortelius admite que seus mapas são resultado de "um processo de negociação criativa, porque em certos mapas, 'em alguns lugares, a nosso critério, onde achamos bom, alteramos algumas coisas, outras coisas deixamos de fora, e em outros lugares, se parecia necessário, pusemos' diferentes aspectos e lugares" (Brotton, 2014, p. 17).

5.2.2 O USO DE APLICATIVOS GEOESPACIAIS

De acordo com o geógrafo Waldo Tobler (1970, p. 236, tradução nossa), "tudo está relacionado com tudo, mas as coisas mais próximas estão mais relacionadas entre si do que as mais distantes". Essa constatação acabou se tornando a primeira lei da geografia, considerando-se que o ser humano, quando começa a explorar a geografia, tem primeiro o interesse de detectar a própria localização (sua casa, sua rua, seu bairro etc.) (Brotton, 2014).

Trabalhar o que está perto e, posteriormente, começar a explorar o que está mais distante também é uma das máximas seguidas nas aulas de História – ao menos quando se trata dos anos iniciais do ensino fundamental, período em que o universo ao redor da criança ganha destaque por meio da história local e do cotidiano, em que se exploram temáticas como família, infância, escola, brinquedos e brincadeiras, vestuário e alimentação, para somente depois serem contemplados temas mais gerais da história do Brasil. Portanto, a primeira lei da geografia tem algum sentido para os docentes de História, principalmente ao considerarmos a navegabilidade na internet e, mais precisamente, no Google Earth e no Google Maps, dois aplicativos geoespaciais que merecem nossa atenção.

Escolhemos esses dois aplicativos como exemplos por serem os mais conhecidos entre os aplicativos geoespaciais gratuitos. Além disso, são ferramentas que podem ser utilizadas de maneira independente ou em conjunto. Navegar nesses aplicativos é uma experiência distinta que possibilita uma interação impossível nas versões impressas. No Google Earth, é possível visualizar o planeta Terra à distância de 63.692,18 quilômetros até a proximidade de algumas dezenas de metros, tendo em vista que o aplicativo possibilita o modo de visualização no nível do solo. Nas localidades disponíveis, a ferramenta também permite o modo *Street View*, com imagens das ruas e das edificações. Informações complementares acerca de lugares geográficos e objetos físicos podem ser acionadas com um clique, revelando-se endereço, histórico, impressões e até telefone e *e-mail* de locais comerciais.

Por meio desses aplicativos, é possível visualizar, por exemplo, em questão de segundos, o distrito de Fordlândia, próximo à cidade de Aveiro, no Pará, e, logo em seguida, transitar pelas ruínas do Fórum Romano. Pensar nessa possibilidade para uma aula de História é estar em sintonia com as novas TICs, que, além de ampliarem o repertório das aulas, facilitam a tarefa do professor ao oferecerem uma alternativa mais prática de pesquisa. Broton (2014, p. 480) ressalta que

> *o Google Earth é uma notável criação tecnológica com enorme potencial, e que provavelmente assinala a morte ou pelo menos o eclipse dos mapas de papel, na medida em que os usuários preferem cada vez mais a tecnologia GPS on-line em detrimento dos mapas e atlas tradicionais de países, cidades e vilas.*

A diferença entre os antigos mapas impressos, geralmente temáticos, e as possibilidades que os aplicativos geoespaciais oferecem é imensa, mas acreditamos que o uso de um não precisa, necessariamente, excluir o uso do outro. Afinal, os empecilhos técnicos para a utilização dos aplicativos podem representar um problema, principalmente se considerarmos os elevados índices de exclusão digital. Além disso, é importante lembrar que o acesso às TICs não significa, de forma determinante, acesso ao conhecimento.

Podemos afirmar que, em pouco mais de uma década de existência, embora os referidos aplicativos geoespaciais possam eventualmente estar presentes nas aulas de História, não são numerosos os casos de iniciativas de uso desses recursos com o objetivo de favorecer a construção e o desenvolvimento do conhecimento histórico. Não basta inserir os aplicativos nas aulas, é preciso conhecê--los para saber como explorá-los. O uso dos aplicativos não deve ser considerado como um fim em si mesmo, mas antes como um meio para auxiliar os estudantes a perceber certas nuances que não seriam notadas com mapas impressos ou outros tipos de linguagens entendidas como fontes históricas. Os aplicativos permitem agregar outras informações a uma análise histórica, confirmando determinadas interpretações ou contrapondo-se a elas.

O trabalho sobre a história do bairro ou da cidade do estudante, por exemplo, pode ser realizado com a utilização de mapas e plantas urbanas mais antigos; com fotografias, jornais e depoimentos de antigos(as) moradores(as); e com o uso de aplicativos geoespaciais. Conforme podemos perceber, essa é uma abordagem que combina diversas linguagens disponíveis entendidas como fontes históricas. Assim, o trabalho com o objetivo de conhecer a história local da região dos estudantes, tanto dos arredores de suas residências quanto da escola que frequentam, é bastante ilustrativo do potencial que os aplicativos geoespaciais oferecem.

Ao contraporem documentos históricos como fotos e mapas, os alunos têm um referencial para entender como determinada localidade ou região foi no passado, como eram suas ruas e seus edifícios. Além dos elementos necessários para a compreensão do tempo como categoria histórica (noções de tempo histórico e cronológico, por exemplo), os alunos são instados a identificar, ler, descrever, interpretar e analisar fontes diversas. Um trabalho como esse também oferece condições para que os aprendizes possam tomar consciência das experiências humanas ao longo do tempo e analisá-las.

Quando são acionados os aplicativos geoespaciais, abre-se a possibilidade de confrontação entre as informações das fontes históricas apresentadas em várias linguagens e as informações apresentadas nos aplicativos, que são registros de satélite e fotos mais recentes, provavelmente do conhecimento e da vivência dos estudantes. Nesse contexto, criam-se condições para o estabelecimento de relações entre o passado e o presente. Diante disso, os alunos podem elaborar as próprias narrativas históricas, resultado das próprias interpretações e atribuições de significados.

> **Importante!**
>
> Os mapas e os aplicativos geoespaciais podem integrar a mesma pesquisa e fornecer informações complementares. Com os mapas e as plantas urbanas, é possível elencar aspectos do passado de determinada região ou localidade – como eram seus caminhos e suas ruas; qual era o tipo de pavimentação; como eram as praças; como eram o mobiliário urbano e a arborização; quais eram os estilos arquitetônicos predominantes nas residências etc. Já com os aplicativos geoespaciais, é possível identificar aspectos atuais de determinada região ou localidade, a fim de estabelecer comparações e contrapor passado e presente.
>
> Em síntese, enquanto nos mapas antigos podem ser localizados aspectos do passado, nos aplicativos geoespaciais podem ser constatadas as permanências e as mudanças referentes a determinado local. A integração do uso dessas linguagens nas aulas de História possibilita verificar aspectos como o crescimento urbano e as práticas de uso do solo.

Desse modo, acreditamos que os aplicativos geoespaciais são uma possibilidade real para as aulas de História, pois oferecem novos caminhos para o processo de ensino-aprendizagem.

Síntese

Neste capítulo, tratamos de algumas linguagens que têm sido menosprezadas nas aulas de História, mais por desconhecimento do que por recusa dos professores em explorá-las.

Inicialmente, demonstramos como o patrimônio cultural oferece alternativas concretas de trabalho em sala de aula, tendo em vista a vantagem de esse recurso relacionar-se diretamente com os sujeitos envolvidos – estudantes, professores e comunidade escolar em geral –, promovendo a afirmação das identidades em um momento no qual a estandardização global parece prevalecer.

Em um segundo momento, mostramos como a cartografia e os mapas podem ser explorados como linguagens entendidas como fontes históricas, partindo de uma explicação mais ampla até a abordagem de um exemplo específico.

Finalizamos o capítulo com uma análise sobre os aplicativos geoespaciais e suas possibilidades para as aulas de História, salientando de que maneira o uso das TICs pode enriquecer a aula e de que forma os aplicativos podem ser usados em conjunto com os mapas para proporcionar uma aprendizagem mais ampla e completa.

Atividades de autoavaliação

1. Analise as afirmações a seguir sobre o patrimônio cultural nas aulas de História:
    i) O trabalho com o patrimônio cultural está diretamente relacionado aos elementos identitários de determinada comunidade ou sociedade.

ii) Explorar o patrimônio cultural como linguagem entendida como fonte histórica contribui para a compreensão e preservação das identidades de determinado grupo social.

iii) A (re)significação dos elementos que compõem as identidades pode ser proporcionada na busca por reminiscências nas matrizes históricas das pessoas, das famílias e das comunidades.

iv) Nas aulas de História, ao estabelecer relação com um passado do qual os alunos reconhecem vestígios, a exploração do patrimônio cultural como linguagem tem o potencial de ser uma abordagem motivadora e interessante.

Agora, assinale a alternativa correta:

a) Apenas as afirmações I, II e III são corretas.
b) Apenas as afirmações I, II e IV são corretas.
c) Apenas as afirmações I, III e IV são corretas.
d) Todas as afirmações são corretas.

2. Analise as afirmações a seguir sobre o uso de cartografia e mapas nas aulas de História:

i) As aulas de História não precisam explorar a linguagem da cartografia ou dos mapas em sala de aula, pois essa atividade já é desempenhada com maestria pelos docentes de Geografia.

ii) Os mapas podem ser uma linguagem entendida como fonte histórica, ou seja, podem ser analisados historicamente como produção de uma sociedade em tempo e lugar determinados.

iii) Os mapas oferecem elementos que permitem aos historiadores analisar visões de mundo com base em contextualizações históricas e culturais, visto que também retratam como o espaço é visto conceitualmente.

iv) No trabalho com mapas, a leitura, a interpretação e a atribuição de sentidos exigem capacidades de decodificação das informações contidas neles, já que são elaborados a partir de determinadas codificações.

Agora, assinale a alternativa correta:

a) Apenas as afirmações I, II e III são corretas.
b) Apenas as afirmações II, III e IV são corretas.
c) Apenas as afirmações I, III e IV são corretas.
d) Apenas as afirmações I, II e IV são corretas.

3. Sobre o uso do mapa *Theatrum Orbis Terrarum* nas aulas de História, assinale a alternativa correta:

a) Trata-se de um mapa do mundo que, por suas imprecisões cartográficas, deve ser desconsiderado como fonte a ser analisada nas aulas de História.

b) Por se tratar de um mapa de 1570, não tem relevância para as aulas de História, já que omite vários detalhes cartográficos desconhecidos na ocasião.

c) O referido mapa do mundo apresenta um espaço físico que revela as ideias e as crenças da época de sua composição.

d) O mapa registra o conhecimento disponível na ocasião, mas omite informações estratégicas, pois tinha função eminentemente militar.

4. "Tudo está relacionado com tudo, mas as coisas mais próximas estão mais relacionadas entre si do que as mais distantes". De acordo com essa afirmação de Tobler (1970, p. 236, tradução nossa), assinale a alternativa correta:
   a) É possível depreender da afirmação de Tobler que buscamos apenas informações do mundo que nos cerca de maneira mais imediata, não nos interessando por aquilo que está distante.
   b) Se transpusermos a afirmação de Tobler para a história, é correto afirmar que o passado familiar e o local assumem primazia ante o passado de desconhecidos e de regiões distantes.
   c) Com o advento da internet, a afirmação de Tobler perde o sentido, pois é possível buscar informações tanto próximas quanto distantes.
   d) A afirmação de Tobler deve ser seguida à risca nas aulas de História, pois nos impele a desvelar o que é conhecido antes daquilo que é desconhecido.

5. Sobre os aplicativos geoespaciais nas aulas de História, assinale a alternativa correta:
   a) Tais aplicativos só devem ser usados de maneira isolada, nunca articulados com outras linguagens.
   b) O uso de aplicativos geoespaciais nas aulas de História demonstra sintonia com as novas TICs.
   c) Basta o professor inserir os aplicativos nas aulas, pois os estudantes saberão como explorá-los.
   d) O uso dos aplicativos deve ser considerado como um fim em si mesmo, não demandando outras informações para uma análise histórica ampla e fundamentada.

Atividades de aprendizagem

Questões para reflexão

1. Considerando o que explicamos sobre o patrimônio cultural – material ou imaterial – neste capítulo, faça um levantamento dos patrimônios existentes em sua região. Em seguida, classifique os patrimônios identificados entre materiais e imateriais. Depois, indique quais são oficialmente instituídos. Com base nas informações organizadas, reflita sobre como o patrimônio se relaciona, de fato, com as identidades de determinada sociedade.

2. Analise os mapas do *Atlas de história medieval* reproduzidos a seguir, que apresentam informações sobre cidades e rotas comerciais nos anos 1000, 1346 e 1483. Com base em sua análise, reflita sobre as possibilidades que tais mapas oferecem para o trabalho em sala de aula.

Mapa A – Cidades e rotas de comércio em 1000

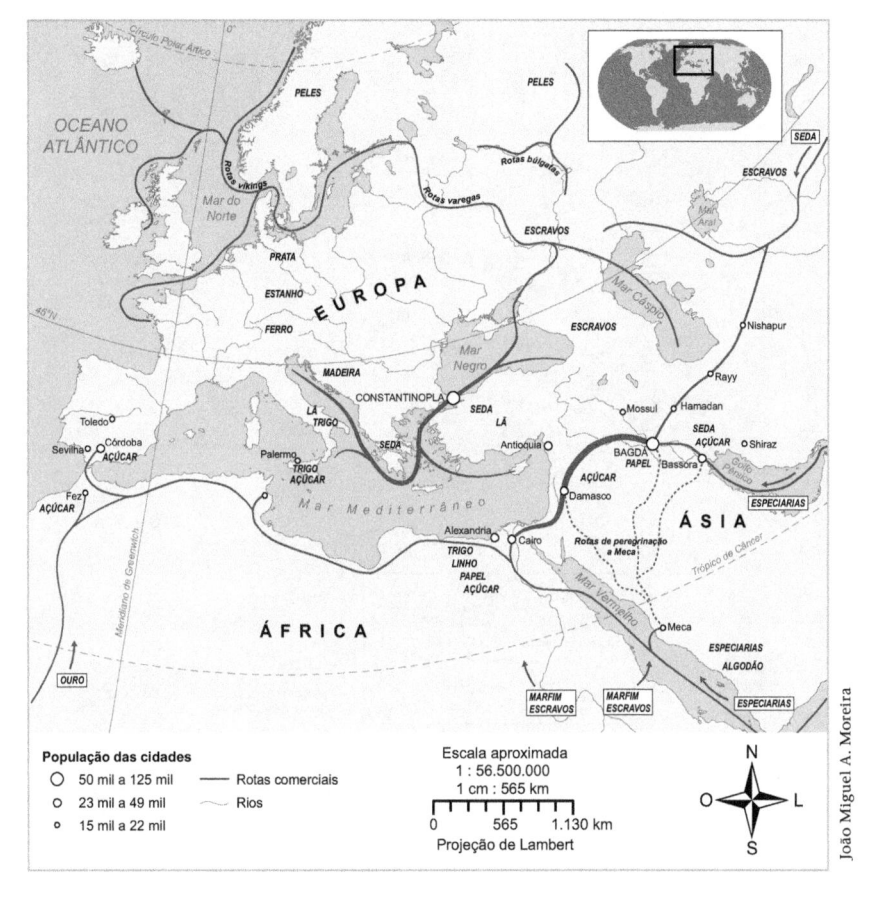

Fonte: McEvedy, 2007, p.61.
Base cartográfica: Instituto Brasileiro de Geografia e Estatística.

Mapa B – Cidades e rotas de comércio em 1346

Fonte: McEvedy, 2007, p.93.
Base cartográfica: Instituto Brasileiro de Geografia e Estatística.

Mapa C – Cidades e rotas de comércio em 1483

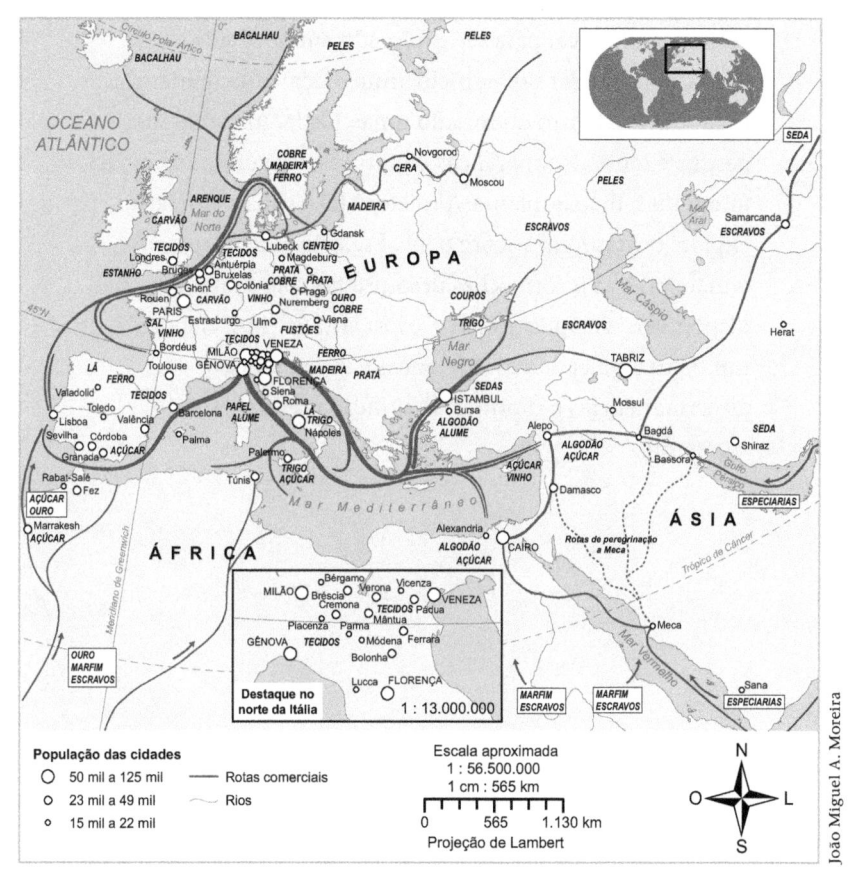

Fonte: McEvedy, 2007, p.107.
Base cartográfica: Instituto Brasileiro de Geografia e Estatística.

Atividade aplicada: prática

1. Selecione um local para ser explorado em uma aula de História – pode ser um edifício, uma praça, uma residência, uma rua, um bairro ou mesmo uma cidade. Inicialmente, pesquise fontes iconográficas – pinturas, gravuras, ilustrações, fotografias, mapas, plantas/projetos etc. – e, na sequência, explore outras fontes sobre o local selecionado. Confronte o material e as informações pesquisadas com as informações disponíveis em aplicativos geoespaciais. Por fim, elabore um texto explicando as diferenças e semelhanças e as permanências e rupturas identificadas entre passado e presente.

Capítulo 6
Experimentando nas aulas de História

Depois de abordarmos vários tipos de linguagens entendidas como fontes históricas, neste capítulo relacionaremos essas linguagens às nossas próprias experiências como professores de História na educação básica.

Primeiramente, demonstraremos como o uso de jogos possibilita encaminhamentos alternativos para as aulas. Na sequência, apresentaremos como podemos aplicar estratégias de utilização de outras representações nas aulas de História, principalmente das não linguísticas.

Como fruto de nossas práticas, compartilharemos possibilidades de trabalho com base em temas problematizadores. Para isso, discutiremos a importância da argumentação nas aulas de História, sugerindo atividades voltadas ao desenvolvimento dessa habilidade com os alunos.

Por fim, descreveremos algumas iniciativas que colocamos em prática nas escolas em que atuamos – alguns encaminhamentos metodológicos que lograram sucesso e podem ser adaptados por outros docentes de História.

(6.1)
Jogos nas aulas de História

Benjamin (2011) sustenta que o aprendizado das crianças deve ser conduzido por meio de jogos, como as músicas que embalam determinada ação e acabam virando referência para o hábito adquirido. De acordo com o autor, o jogo dá luz aos hábitos das crianças: "Comer, dormir, vestir-se, lavar-se devem ser inculcados no pequeno irrequieto de maneira lúdica, com o acompanhamento do ritmo de versinhos. O hábito entra na vida como brincadeira, e nele, mesmo em suas formas mais enrijecidas, sobrevive até o final um restinho de brincadeira"

(Benjamin, 2011, p. 102). Já é consenso entre professores que as atividades lúdicas, quando aplicadas, surtem efeitos muito positivos, principalmente quando envolvem brincadeiras e jogos. Brincar e jogar são práticas corriqueiras nas escolas e abrangem toda sorte de atividades lúdicas empregadas para finalidades de ensino-aprendizagem.

No entanto, Kishimoto (2011a) alerta que, no Brasil, infelizmente esse recurso pedagógico ainda apresenta um baixo nível de conceituação, tendo em vista que, muitas vezes, termos como *jogo*, *brinquedo* e *brincadeira* são aplicados como sinônimos. Para evitar maiores confusões, Kishimoto estabelece as diferenças entre esses termos. Primeiramente, o autor indica que o jogo tem relação com os significados que as sociedades, em tempos e lugares distintos, atribuem-lhe, apresentando regras e objetos específicos. "Brinquedo, por sua vez, pressupõe uma relação direta com a criança e com a infância, além da indeterminação quanto ao seu uso. Brincadeira é a ação, que se vale do suporte brinquedo, seja ele qual for, para que se mergulhe na ação lúdica" (Kishimoto, 2011a, p. 19). Em suma, *brinquedo* é o objeto, o suporte da brincadeira; *brincadeira*, a descrição de uma conduta estruturada, com regras; e *jogo* é o ato de brincar guiado por regras e objetivos, podendo ou não haver um objeto para sua realização.

> O jogar é um dos sucedâneos mais importantes do brincar. O jogar é o brincar em um contexto de regras e com um objetivo predefinido. Jogar certo, segundo certas regras e objetivos, diferencia-se de jogar bem, ou seja, da qualidade e do efeito das decisões ou dos riscos. O brincar é um jogar com ideias, sentimentos, pessoas, situações e objetos em que as regulações e os objetivos não estão necessariamente predeterminados. No jogo, ganha-se ou perde-se. Nas brincadeiras, diverte-se, passa-se um tempo, faz-se de conta. No jogo, as delimitações (tabuleiro, peças, objetivos, regras, alternância entre jogadores, tempo etc.) são condições fundamentais para sua

realização. *Nas brincadeiras, tais condições não são necessárias. O jogar é uma brincadeira organizada, convencional, com papéis e posições demarcadas. O que surpreende no jogar é seu resultado ou certas reações dos jogadores. O que surpreende nas brincadeiras é sua própria composição ou realização. O jogo é uma brincadeira que evoluiu. A brincadeira é o que será do jogo, é sua antecipação, é sua condição primordial. A brincadeira é uma necessidade da criança; o jogo, uma de suas possibilidades à medida que nos tornamos mais velhos. Quem brinca sobreviveu (simbolicamente); quem joga jurou (regras, propósitos, responsabilidades, comparações)*. (Macedo; Petty; Passos, 2007b, p. 14-15)

Maluf (2012, p. 21) entende que "atividade lúdica é toda e qualquer animação que tem como intenção causar prazer e entretenimento em quem a pratica". Assim, podemos conceituar o jogo como uma atividade lúdica que envolve situações estruturadas por regras externas que definem a situação lúdica. Os jogos também devem ser considerados em sua dimensão lúdica por serem desafiadores, oferecerem prazer funcional, criarem possibilidades (e delas se valerem) e apresentarem uma dimensão simbólica. Apesar disso, ou justamente por isso, nem sempre uma atividade lúdica é uma atividade agradável para quem a realiza.

Os jogos são uma linguagem que pode ser explorada nas aulas de História, mesmo que, de maneira geral, sejam vistos como associados ao brincar e ao lazer. Considerar os jogos como sem valor, inapropriados ou mesmo ineficazes para os propósitos educacionais é uma grande falácia e acaba negando o **paradoxo do jogo**, que é exatamente o de reunir aspectos lúdicos e educativos, simultaneamente, em uma mesma prática/atividade (Andrade, E. J., 2007).

Entre os aspectos positivos do uso de jogos nas aulas de História, estão as estratégias relacionadas ao desenvolvimento do conhecimento histórico e à melhoria das habilidades de observação, concentração e interpretação exigidas nos jogos.

Entretanto, como no caso das demais linguagens de que tratamos, os jogos não devem ser um fim em si mesmos, devendo ser transformados, na perspectiva do professor, em material de estudo e ensino e, na perspectiva dos alunos, em aprendizagem e produção de conhecimento (Macedo; Petty; Passos, 2007a). Para o bom encaminhamento da atividade em sala de aula, uma sugestão para o passo a passo inicial é: explorar os materiais a serem utilizados e familiarizar-se com as regras do jogo; jogar o jogo e desenvolver estratégias para alcançar os objetivos propostos; resolver situações-problema relacionadas às regras e ao ato de jogar; e, por fim, analisar as implicações do jogar. Reforçamos que essa é apenas uma sugestão, já que "somente o profissional [...] sabe exatamente como o material lhe é mais útil e é ele, também, quem deverá tomar as decisões em relação ao planejamento, execução e avaliação das atividades a serem desenvolvidas" (Macedo; Petty; Passos, 2007a, p. 18).

O uso da linguagem dos jogos nas aulas de História amplia as possibilidades de ensino-aprendizagem, porque

> jogar favorece a aquisição de conhecimento, pois o sujeito aprende sobre si próprio (como age e pensa), sobre o próprio jogo (o que o caracteriza, como vencer), sobre as relações sociais relativas ao jogar (tais como competir e cooperar) e, também, sobre conteúdos (semelhantes a certos temas trabalhados no contexto escolar). Manter o espírito lúdico é essencial para o jogador entregar-se ao desafio da "caminhada" que o jogo propõe. Como consequência do jogar, há uma construção gradativa da competência para questionar e analisar as informações existentes. Assim, quem joga pode efetivamente desenvolver-se. (Macedo; Petty; Passos, 2007a, p. 23-24)

É possível desenvolver-se efetivamente, por exemplo, com um jogo de conceitos históricos, pois o ensino de História também é a construção, compreensão e aplicação de conceitos que, como representação de características gerais, possibilitam a análise e o entendimento de determinada realidade histórica. Afinal, o domínio de conceitos fundamentais para a compreensão histórica implica as faculdades de conhecer e criticar o passado.

Construir conceitos não é tarefa fácil, principalmente se considerarmos os anos finais do ensino fundamental, quando a dificuldade pode sugerir como caminho menos difícil a simples apresentação de conceitos já prontos e acabados, em um processo que valoriza a memorização em detrimento do protagonismo dos estudantes. A respeito da construção de conceitos históricos, Schmidt (1999, p. 149) ressalta que

> *é preciso ter cuidado para não transformar este objetivo no uso abusivo de termos técnicos ou na imposição de definições abstratas e memorizações formais de palavras e do seu significado. Aprender conceitos não significa acumular definições ou conhecimentos formais, mas construir uma grade que auxilie o aluno na sua interpretação e explicação da realidade social. No ensino de História, a elaboração de grades conceituais pelo aluno pode facilitar a leitura do mundo em que vive.*
>
> *Pode-se entender a construção dos conceitos como a elaboração de uma grade de conhecimentos necessários à compreensão da realidade social, na medida em que se entende o conceito como um corpo de conhecimentos, gerais ou específicos, abstratos ou concretos, que possuem relação intrínseca com objetos, acontecimentos, pessoas, ações etc. A formação de tal corpo de conhecimento pertence ao universo individual. Cada indivíduo tem a capacidade de agrupar e relacionar conhecimentos que ele selecionou, de acordo com a sua inserção social e cultural.*

Um jogo de conceitos históricos, por exemplo, envolve a criação de conceitos e sua aplicação a determinados eventos e processos históricos, de modo a verificar sua inteligibilidade e plausibilidade. Jogar com conceitos históricos é possível nos anos iniciais e finais do ensino fundamental e também no ensino médio, embora exija dos docentes a adequação necessária a cada grupo de estudantes.

Também é possível trabalhar com as noções fundamentais para o entendimento da História por meio de jogos, como os jogos de tabuleiro. O jogo deve ter uma finalidade didático-pedagógica e, para isso, deve ser planejado de maneira integrada com outros encaminhamentos previstos na sequência didática. Lembramos, mais uma vez, que um jogo não deve ser um fim em si mesmo. O primeiro passo para elaborar um jogo de tabuleiro para a aula de História é definir a temática que será contemplada e, a partir daí, verificar quais fundamentos históricos serão mais facilmente percebidos e explorados no jogo. As categorias comumente enfocadas são: tempo e temporalidade, rupturas e permanências históricas, semelhanças e diferenças.

> O jogo deve ter uma finalidade didático-pedagógica e, para isso, deve ser planejado de maneira integrada com outros encaminhamentos previstos na sequência didática.

Definida a abordagem para o jogo de tabuleiro, é preciso organizar as etapas do jogo, relacionando tanto os fundamentos que se deseja trabalhar quanto os conhecimentos e saberes prévios com a temática a ser discutida. A seguir, é preciso determinar como e quando o jogo acontecerá, suas regras, seus objetivos e as variações possíveis diante da prática real, isto é, do efetivo jogar em sala de aula. O jogo deve ter um tempo delimitado, ou pelo menos estimado, para que possa acontecer no espaço de uma aula, evitando-se, assim, que haja interrupções e que ele não seja concluído.

Acreditamos, portanto, que, por meio dos jogos nas aulas de História, é possível estabelecer uma relação entre a base de conhecimentos factuais, o entendimento dos eventos históricos pela perspectiva conceitual e a organização do conhecimento. Com os jogos, pode-se conhecer mais e melhor, de maneira mais ampla e mais profunda, determinada temática histórica e transformar as informações factuais trabalhadas em sala de aula em conhecimento aplicável na vida dos estudantes.

(6.2)
OUTRAS REPRESENTAÇÕES NAS AULAS DE HISTÓRIA

Existem diversas maneiras de aprender. Além disso, cada vez mais o ato de aprender envolve a capacidade de encontrar informações, em vez de meramente a de "saber" – lembrar e repetir – as informações. Muitas vezes, o processo de ensino-aprendizagem é prejudicado por simplesmente serem ignoradas as ideias e as crenças que os estudantes têm, por não se dar atenção "aos entendimentos incompletos, às crenças falsas e às interpretações ingênuas dos conceitos que os aprendizes trazem consigo sobre determinado assunto" (Bransford; Brown; Cocking, 2007, p. 27).

Alguns estudos demonstram que aprendemos mais e melhor (compreensão) quando os códigos verbal e visual são apresentados simultaneamente, facilitando o resgate (aplicação) das informações aprendidas. Em outras palavras, pensamos e lembramos mais e melhor quando trabalhamos com esses dois sistemas de representação.

Essa tese é defendida por Paivio (1990), para quem, de acordo com a teoria da comunicação dual, a cognição envolve a atividade de dois subsistemas distintos: um verbal, especializado na forma linguística, e outro não verbal, especializado em objetos e eventos não linguísticos. Em outras palavras,

> O conhecimento é armazenado de duas formas – uma forma linguística e uma forma imaginária. O modo linguístico tem uma natureza semântica. Como metáfora, pode-se pensar sobre o modo linguístico como contendo declarações reais na memória de longo prazo. O modo imaginário, em contraste, é expressado como imagens, como olfato, paladar, tato, associação cinestésica e som. (Marzano; Pickering; Pollock, 2008, p. 68)

Ao se utilizarem abordagens e estratégias baseadas em representações não linguísticas – representações gráficas, modelos físicos, imagens mentais, desenhos e pictografias, atividades cinestésicas etc. –, ampliam-se as possibilidades de construção e desenvolvimento do conhecimento, bem como sua ativação e aplicação.

Figura 6.1 – Comunicação dual e armazenamento de conhecimento

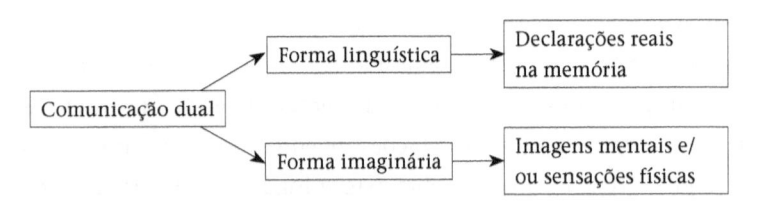

```
                           ┌─ Forma linguística ──→ Declarações reais na memória
     Comunicação dual ────┤
                           └─ Forma imaginária ──→ Imagens mentais e/ou sensações físicas
```

Fonte: Elaborado com base em Marzano; Pickering; Pollock, 2008, p. 68.

A ideia é fazer com que os estudantes analisem os conhecimentos que estão sendo trabalhados e consigam construir novas interpretações com base neles, e isso ocorre quando são produzidas representações não linguísticas a respeito de determinado tema ou assunto, o que acarreta mais conhecimento ou mais informações complementares. Isso permite que os aprendizes consigam memorizar o conteúdo com mais facilidade e compreendê-lo de maneira mais aprofundada (Marzano; Pickering; Pollock, 2008).

Figura 6.2 – Elaboração sobre o conhecimento nas representações não linguísticas

```
As representações não linguísticas devem
     elaborar sobre o conhecimento
                  │
                  ▼
   Elaboração = "adicionar" conhecimento
                  
   Gerar representações não linguísticas
            do conhecimento
                  │
                  ▼
        Pensamento elaborativo

Explicar e justificar ────► Melhor aprendizagem
```

Fonte: Elaborado com base em Marzano; Pickering; Pollock, 2008, p. 68-69.

Desse modo, a construção de organizadores gráficos possibilita que as informações trabalhadas em determinada aula sejam sistematizadas e, ao mesmo tempo, que os aprendizes construam novos conhecimentos com base nos conteúdos propostos na aula. Organizadores gráficos podem apresentar padrões distintos, como o de processo/causa-efeito e o de episódio. O primeiro permite que as informações sejam organizadas "em uma rede causal que conduz a um resultado específico ou a uma sequência de passos que conduza a um produto específico" (Marzano; Pickering; Pollock, 2008, p. 70). O segundo permite que as informações sobre um evento específico sejam organizadas considerando-se aspectos como tempo e local, pessoas, duração, sequência e causas e efeitos.

Figura 6.3 – Organizador gráfico com padrões de processo/causa-efeito e de episódio

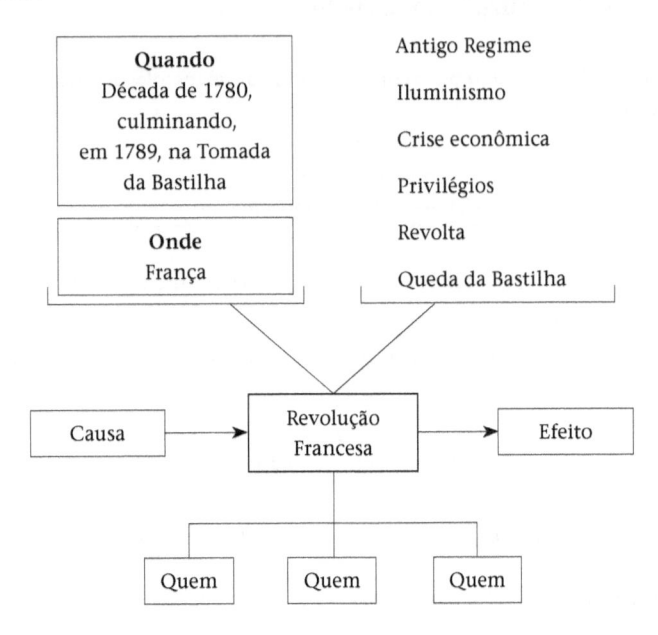

```
      Quando                    Antigo Regime
   Década de 1780,               Iluminismo
     culminando,
  em 1789, na Tomada            Crise econômica
      da Bastilha
                                  Privilégios
        Onde                       Revolta
       França
                                Queda da Bastilha


                    Revolução
     Causa    →                →      Efeito
                    Francesa


          Quem      Quem      Quem
```

A criação de modelo físicos, como as maquetes, envolve a representação concreta daquilo que se quer conhecer ou se está aprendendo e o estabelecimento de uma imagem mental, caracterizando o tipo de representações não linguísticas que estamos abordando. A geração de imagens mentais, de forma isolada em relação à criação de modelos físicos, é um meio de explorar as representações não linguísticas com os estudantes. Desenhos e pictografias (cenas simbólicas) são outro tipo de representação não linguística que pode ser utilizado nas aulas de História.

Exemplificando as possibilidades elencadas, o professor pode: disponibilizar um modelo físico de um telégrafo, de um aldeamento jesuítico, da própria cidade em outro tempo etc.; estimular a geração de imagens mentais de uma fábrica no princípio da Revolução

Industrial, do interior de uma embarcação portuguesa durante o processo europeu de expansão marítima, das cheias que encharcavam as margens do Rio Nilo etc.; ou solicitar a elaboração de desenhos ou pictografias de um feudo medieval, da corrida para o Oeste norte-americano, do expansionismo nazista durante a Segunda Guerra Mundial etc. Por fim, é possível explorar o engajamento em atividades cinestésicas como representação não linguística, já que "o movimento associado com o conhecimento específico gera uma imagem mental do conhecimento na mente do aprendiz" (Marzano; Pickering; Pollock, 2008, p. 75).

O uso de representações não linguísticas nas aulas de História pode ser constatado em salas de aula Brasil afora, mas nem sempre as abordagens são conscientes, ou seja, alguns professores fazem uso de encaminhamentos que podem ser considerados como estratégias de representações não linguísticas, mas não sabem ao certo como tais estratégias favorecem a construção de conhecimento e o desenvolvimento histórico. Explorar representações não linguísticas, seja por meio de organizadores gráficos, seja por meio de modelos físicos, é uma abordagem que resulta em melhor aprendizagem, permitindo que os estudantes construam conhecimentos e possam explicar e justificar melhor as informações trabalhadas em narrativas históricas inteligíveis e plausíveis.

(6.3)
TEMAS PROBLEMATIZADORES NAS AULAS DE HISTÓRIA

A possibilidade de desenvolver as aulas de História por meio de temas problematizadores é um caminho que pode envolver diversas linguagens entendidas como fontes históricas, as quais precisam ser "costuradas" entre si. Assim, é necessário que haja uma articulação coerente entre as diversas partes que formarão o todo. Nossa experiência atesta que abordagens que têm como fio condutor um tema problematizador são, normalmente, mais complexas e exigem maior esforço dos docentes na organização do planejamento das aulas, pois, como várias fontes podem (e devem) ser trabalhadas em conjunto, é necessário garantir que o resultado final da "costura" não seja uma colcha de retalhos sem sentido.

Entendemos um tema problematizador como o ponto de partida para um processo em que codificações e decodificações serão operadas. Trata-se de uma metodologia que parte de elementos vivenciados para a compreensão de outros elementos, atribuindo-se a eles sentidos e significados (re)elaborados com base em análises, explicações, interpretações e críticas. Abordagens como essas costumam ser preteridas em razão da necessidade de se cumprir determinado programa ou currículo previamente estipulado (por isso afirmamos que abordagens como essa são complexas e demandam esforço extra). Além disso, dependendo do tema problematizador escolhido, a abordagem pode contemplar assuntos/conteúdos que vão além do programa ou currículo estipulado para aquele ano/série.

Como forma de exemplificar a abordagem de um tema problematizador como eixo central da organização e planejamento de uma sequência didática, vamos considerar o sal. Todos, professores e estudantes, têm uma vivência com o sal, um produto essencial à saúde humana, com vários usos e aplicações. O sal está presente na história da humanidade em associação com diversos aspectos, como na alimentação, na religião, na economia e na guerra. Por seus usos e aplicações, o sal é objeto de busca entre os seres humanos há milhares de anos, como explica Kurlansky (2004, p. 26-27):

Em todos os continentes, a partir do momento em que iniciaram o cultivo de plantações, os seres humanos começaram a procurar sal para acrescentar à sua alimentação. Como ficaram sabendo dessa necessidade é um mistério. Uma vítima de inanição sente fome, por isso a necessidade de alimento é evidente. A deficiência de sal causa dores de cabeça e fraqueza, depois tontura e náusea. Se a privação persiste por muito tempo, a vítima morre. Mas em nenhum momento desse processo há o desejo de comer sal. No entanto, a maioria das pessoas opta por comer muito mais sal do que precisa, e pode ser que essa vontade – o simples fato de gostarmos do sabor do sal – seja uma defesa natural.

Outro avanço que originou a necessidade de sal foi a criação de animais para o abate, em vez de caçar para comer. Os animais também precisam de sal. Os carnívoros selvagens, assim como os humanos, podem satisfazer essa necessidade comendo carne. Os herbívoros selvagens vão em busca de sal. Aliás, um dos métodos mais antigos utilizados pelo homem para encontrar sal era seguir os rastros dos animais, que acabavam levando a alguma jazida na superfície ou a uma nascente de água salgada. Os animais domesticados, porém, precisam que lhes deem sal. O cavalo chega a necessitar cinco vezes mais sal que o ser humano, e a vaca, dez vezes.

Como tema problematizador, o sal relaciona-se com a Antiguidade e as idades Média, Moderna e Contemporânea. Por exemplo: o sal era ofertado pelos gregos aos deuses; era o pagamento feito aos soldados instituído pelos romanos; era monopólio dos senhores feudais no Medievo europeu e no Estado italiano até 1974; era utilizado por chineses na fabricação de molhos e condimentos; era usado nos processos egípcios de mumificação; era imprescindível nas embarcações durante o expansionismo marítimo europeu; era usado na salga de peixes, aves e outras carnes; é sagrado para os hebreus, os cristãos e os muçulmanos etc.

Norton Frehse Nicolazzi Junior

O uso do sal para conservação dos alimentos é um caminho que pode articular a história da alimentação, ou, como visto anteriormente, as linguagens do livro e das artes entendidas como fontes históricas. A indicação do sal nos livros de receitas revela as tradições e os costumes de seu uso e destaca-o como elemento presente em toda cozinha – tendo em vista que se trata de produto fundamental para a conservação de alimentos. Um exemplo são as receitas de Mary Eliza Avery, encontradas em um livro datado de 1859. Entre as receitas dela e de sua família, várias pediam o uso de pimentas e molhos de pimenta, que seu esposo, Edmund McIlhenny, fabricava em seu galpão em Avery Island, Luisiana, no Sul dos Estados Unidos, "usando o sal para fermentar e extrair o suco da pimenta fresca amassada" (Kurlansky, 2004, p. 273). Os molhos de pimenta de McIlhenny eram acondicionados em pequenas garrafas de água-de-colônia vedadas com um lacre verde e vendidos com a identificação da marca Tabasco.

Na obra de Jean-Baptiste Debret, o sal aparece no charque vendido no pequeno armazém do negociante que dorme ao lado de dois pedaços dessa carne, propositalmente pendurados nos batentes da porta a fim de exibir aos eventuais consumidores a qualidade da mercadoria. No interior do estabelecimento, há outros pedaços, dobrados no comprimento e empilhados em três grandes massas quadriculares. Além do charque, há, no canto esquerdo, atrás dos quatro pães de sebo, um monte de peixe seco e, suspensas no teto, línguas de boi salgadas. Esses armazéns abasteciam toda sorte de gente:

> *o capitão do navio, o chacareiro, o negociante de escravos, o intendente da casa rica, o simples particular e o pequeno capitalista.*
>
> *Os mais desses negociantes de carne-seca, todos parentes ou correspondentes dos charqueadeiros, recebem diretamente sua mercadoria nas embarcações que aportam exclusivamente no Rio de Janeiro, pretexto de que*

abusam às vezes para aumentar o preço desse gênero quando ocorrem atrasos nas entregas. (Debret, 2008, p. 245)

Figura 6.4 – *Armazém de charque*, de Jean-Baptiste Debret

DEBRET, J.-B. **Armazém de charque**. 1835. 1 gravura, litografia: color.; 30 × 21,5 cm. Biblioteca Brasiliana Guita e José Mindlin.

Além da conservação de alimentos, a utilização do sal na conservação de corpos no Egito Antigo abre espaço para a possibilidade de se trabalhar com experiências nas aulas, isto é, de se colocar a mão na massa – ou melhor, no sal. Entre os processos de conservação de corpos adotados pelos antigos egípcios, o que utilizava sal provavelmente era o mais comum. Mesmo os cemitérios anteriores aos grandes Estados egípcios ainda exibem cadáveres com pele e carne conservados graças à areia seca e salgada presente na região.

Porém, os processos de mumificação propriamente ditos consistiam no uso direto de um tipo de sal sobre o corpo morto. O sal em questão, o natrão – também denominado *sal divino* –, é uma mistura de bicarbonato de sódio e carbonato de sódio com uma pequena quantidade de cloreto de sódio. Essa composição pode ser encontrada nos leitos de rios secos.

Experimentar a conservação por meio do sal é uma estratégia que relaciona o tema problematizador com conhecimentos e saberes prévios, possibilitando que explicações e interpretações sejam elaboradas.

> **Preste atenção!**
>
> Para a experiência, é preciso providenciar:
>
> - uma maçã e/ou um pequeno peixe, que não precisa ser eviscerado;
> - sal, preferencialmente na combinação do natrão: duas porções iguais de bicarbonato e de carbonato de sódio para um quarto de porção de cloreto de sódio (apenas o cloreto de sódio funciona também, na falta do outros sais);
> - potes distintos para o acondicionamento da maçã e/ou do peixe, de tamanho suficiente para acomodá-los junto com uma generosa quantidade de sal.
>
> Tanto a maçã quanto o peixe devem estar totalmente envoltos na mistura de sal, com cuidado para que não haja nenhuma brecha ou fissura que possibilite a entrada de umidade ou de insetos. É necessário determinar um prazo para deixar o pote com os ingredientes "descansando" (sugerimos o mínimo de 45 dias). Passado o prazo, deve-se retirar a camada de sal e, com os estudantes, avaliar as transformações ocorridas.

Jogando-se um punhado de sal sobre uma floreira ou vaso de flores, é possível constatar que salgar o chão é condená-lo à improdutividade. Os romanos sabiam disso, por isso salgaram o solo de Catargo ao fim das Guerras Púnicas, enquanto repetiam *"delenda est Carthago"* ("Catargo deve ser destruída"). Algo semelhante aconteceu com as terras de Joaquim José da Silva Xavier, o Tiradentes, como se pode constatar pela consulta à sua sentença de condenação:

> *Portanto, condenam ao réu Joaquim José da Silva Xavier, por alcunha o Tiradentes, alferes que foi da tropa paga da Capitania de Minas Gerais, a que, com baraço e pregação, seja conduzido pelas ruas públicas ao lugar da forca, e nela morra morte natural para sempre e que, depois de morto, lhe seja cortada a cabeça e levada a Vila Rica, onde, em o lugar mais público dela, será pregada em um poste alto, até que o tempo a consuma, e o seu corpo será dividido em quatro quartos e pregados em postes, pelo caminho de Minas, no sítio da Varginha e das Cebolas, onde o réu teve as suas infames práticas, e os mais nos sítios de maiores povoações, até que o tempo também os consuma; declaram o réu infame, e seus filhos e netos, tendo-os, e seus bens aplicam para o Fisco e Câmara Real, **e a casa em que vivia em Vila Rica será arrasada e salgada, para que nunca mais no chão edifique**, e não sendo própria será avaliada e paga a seu dono pelos bens confiscados, e no mesmo chão se levantará um padrão, pelo qual se conserve em memória a infâmia deste abominável réu.* (Figueiredo, 2003, p. 131, grifo nosso)

O sal sempre foi relacionado a crenças e crendices: era o símbolo da aliança dos hebreus com Deus; os judeus mergulham o pão do sabá em sal; cristãos e muçulmanos usam o sal, pela sua imutabilidade, para selar suas transações; acredita-se que o sal é nocivo para os espíritos malignos; no catimbó, o sal é poderoso para o mal; muitos creem que o sal protege contra o mau-olhado, mas derramar sal é mau agouro, que pode ser revertido jogando um pouco do mesmo sal por cima do ombro etc. Leonardo da Vinci pode ter sugerido o mau agouro ao apresentar um saleiro entornado diante de Judas em *A última ceia*, conforme destacado na Figura 6.5.

Figura 6.5 – *A última ceia*, de Leonardo da Vinci

VINCI, L. da. **A última ceia**. 1495-1498. 1 têmpera e óleo sobre duas camadas de gesso aplicadas em estuque: color.; 460 × 880 cm. Refeitório de Santa Maria delle Grazie, Milão.

Enfim, são inúmeros os caminhos a percorrer quando se toma o sal como tema problematizador. Esperamos ter demonstrado que a escolha de um tema problematizador não significa que a aula será única e exclusivamente sobre ele, mas que, por meio dele, será traçado o percurso a ser percorrido durante uma aula ou uma sequência de aulas. Fazer uso da abordagem dos temas problematizadores possibilita a busca por outros sentidos para as aulas de História que vão muito além do repasse de informações; é uma maneira de dar significância ao trabalho de investigação que, certamente, será realizado com outras linguagens entendidas como fontes históricas.

(6.4)
Argumentando nas aulas de História

Aplicar conhecimento é condição *sine qua non* para que possamos conceber e verificar hipóteses, por mais que estejamos habituados a criar proposições sobre quaisquer assuntos. Na prática, criar hipóteses é conjecturar, é apresentar suposições que, independentemente de serem verdadeiras ou falsas, acabam sendo admitidas. Contudo, para docentes de História, não são aceitáveis quaisquer hipóteses, afinal, para validá-las, é preciso um exercício de análise e argumentação que, ao ser concluído, pode confirmá-las ou não. Nesse contexto, podem surgir erros comuns nas aulas de História, como o anacronismo, que consiste em avaliar uma época ou personagem com base nas concepções de outra época – por exemplo, analisar eventos passados com base na atualidade.

Por isso, explorar a argumentação nas aulas de História é uma estratégia fundamental para a construção e o desenvolvimento histórico. Argumentar exige que os estudantes acionem conhecimentos e saberes prévios diante de determinada situação ou evento histórico, isto é, articulem todas as informações disponíveis para criar um cenário hipotético. As informações disponíveis podem ser aquelas identificadas no trabalho com diversas linguagens entendidas como fontes históricas. Assim, eles podem elaborar uma hipótese para explicar, por meio de argumentos, o entendimento e a interpretação da situação ou evento investigado.

O **teste da hipótese elaborada** ocorre pela sua contraposição com as informações previamente identificadas, servindo para verificar sua plausibilidade histórica. Dessa forma, as informações devem ser analisadas e suas possibilidades testadas para averiguar se elas sustentam a hipótese e se a hipótese é corroborada pelas evidências. Chapman (2011) indica que, para compreender um argumento, é preciso entender:

1. o que ele está tentando estabelecer, ou qual é sua conclusão;
2. quais são as razões apresentadas que sustentam a conclusão;
3. como, efetivamente, a conclusão e as razões se relacionam.

Para o trabalho com os aprendizes, Chapman sugere as palavras de conclusão *porque* e *portanto*, que têm propriedades particularmente úteis para ajudá-los a identificar conclusões e razões. Esses dois termos podem ser substituídos um pelo outro nos exercícios de identificação (Chapman, 2011).

Figura 6.6 – Palavras de conclusão

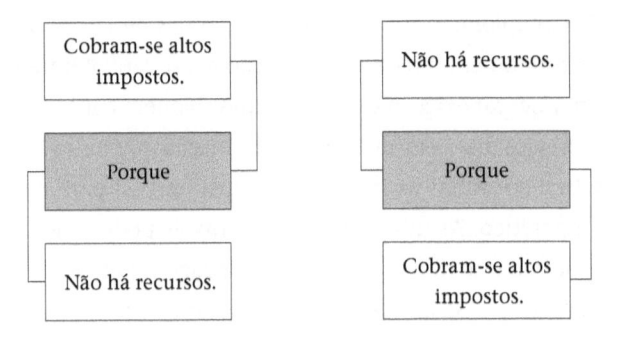

```
┌─────────────────┐              ┌─────────────────┐
│ Cobram-se altos │              │ Não há recursos.│
│   impostos.     │              │                 │
└────────┬────────┘              └────────┬────────┘
         │                                │
┌────────┴────────┐              ┌────────┴────────┐
│     Porque      │              │     Porque      │
└────────┬────────┘              └────────┬────────┘
         │                                │
┌────────┴────────┐              ┌────────┴────────┐
│ Não há recursos.│              │ Cobram-se altos │
│                 │              │   impostos.     │
└─────────────────┘              └─────────────────┘
```

Fonte: Elaborado com base em Chapman, 2011.

Chapman alerta que devem ser testadas conclusões alternativas para o argumento. Caso elas existam, deve-se desqualificá-lo, pois se trata de um argumento fraco e que não se sustenta. A razão que fundamenta o argumento de que não há recursos não é suficientemente boa, apesar de eventualmente ser verdadeira. Caso a única razão para a cobrança de altos impostos seja a falta de recursos, quando houver recursos, não será mais necessário cobrar altos impostos. Além das conclusões alternativas, é preciso testar também as suposições alternativas.

Para Chapman (2011), suposições são razões encaradas como verdadeiras, mas que não aparecem explicitamente no argumento. O autor sugere uma atividade simples para os aprendizes identificarem as suposições implícitas em um argumento: "apresenta-se um argumento elementar e solicita-se que os estudantes identifiquem sua estrutura lógica (quais são as razões e a conclusão que sustentam o argumento) e, depois, identifiquem quaisquer suposições que possam ser feitas" (Chapman, 2011, p. 99, tradução nossa).

Vamos ao exemplo de Chapman (2011, p. 100, tradução nossa): "Cuidado! Há um urso polar atrás de você". Nesse caso, o primeiro passo é identificar a estrutura lógica do argumento, conforme consta na Figura 6.8.

Figura 6.7 – Identificando a estrutura lógica do argumento

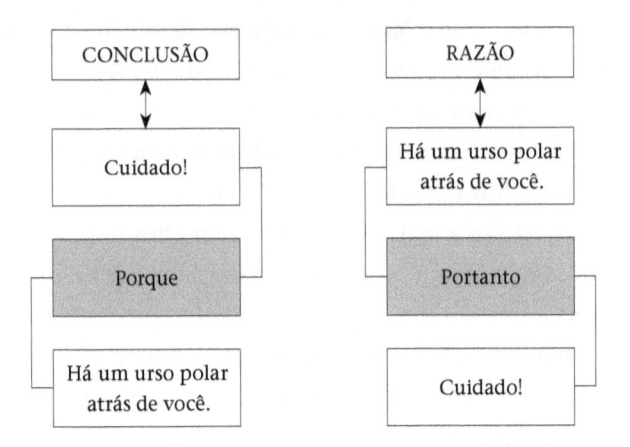

```
    CONCLUSÃO                    RAZÃO
        ↕                           ↕
     Cuidado!                 Há um urso polar
                              atrás de você.

      Porque                    Portanto

   Há um urso polar
   atrás de você.               Cuidado!
```

Fonte: Elaborado com base em Chapman, 2011.

O segundo passo é identificar as suposições que foram feitas: "o urso polar está vivo, o urso polar pode nos atacar, o urso polar está suficientemente perto para nos atacar, não há obstáculos entre nós e o urso polar, [...] não estamos tentando o suicídio etc." (Chapman, 2011, p. 100-101, tradução nossa).

Uma das suposições ou todas elas podem ser falsas, desqualificando o argumento que se mostrou, pelo teste, fraco demais para que se acredite/confie no alerta para ter cuidado.

Considerando os elementos básicos para analisar a validade de argumentos, passemos a um exemplo de trabalho com um trecho da obra *A situação da classe trabalhadora na Inglaterra*, de Friedrich Engels, publicada em 1845.

> Examinemos alguns desses bairros miseráveis. Primeiramente, Londres e, em Londres, o famigerado *ninho dos corvos (rookery)*, St. Giles, que deverá ser destruído pela abertura de vias largas. St. Giles fica no meio da parte mais populosa da cidade, rodeado de ruas amplas e iluminadas por onde circula o "grande mundo" londrino – vizinho imediato de Oxford Street, de Regent Street, de Trafalgar Square e do Strand. É uma massa desordenada de casas de três ou quatro andares, com ruas estreitas, tortuosas e sujas, onde reina uma agitação tão intensa como aquela que se registra nas principais ruas da cidade – com a diferença de que, em St. Giles, vê-se unicamente pessoas da classe operária. [...] Por todas as partes, há montes de detritos e cinzas e as águas servidas, diante das portas, formam charcos nauseabundos. Aqui vivem os mais pobres entre os pobres, os trabalhadores mais mal pagos, todos misturados com ladrões, escroques e vítimas da prostituição. A maior parte deles são irlandeses, ou seus descendentes, e aqueles que ainda não submergiram completamente no turbilhão da degradação moral que os rodeia a cada dia mais se aproximam dela, perdendo a força para resistir aos influxos aviltantes da miséria, da sujeira e do ambiente malsão.

Fonte: Engels, 2010, p. 70-71, grifo do original.

Agora, vejamos o seguinte comentário a respeito do trecho de Engels:

> A Inglaterra, em meados do século XIX, era um país pobre e miserável. Suas principais cidades, como Londres, eram verdadeiros pulgueiros que abrigavam indigentes e bandidos. A sujeira imperava. Os principais responsáveis por aquelas condições eram os irlandeses. O país onde a Revolução Industrial teve início não estava preparado para oferecer condições dignas aos seus habitantes.

Tendo em vista o texto de Engels e o comentário elaborado em função dos objetivos propostos para a atividade, é possível elaborar diversas suposições. Por exemplo:

- havia, em Londres, bairros miseráveis, como St. Giles;
- St. Giles ficava na parte mais populosa da cidade, rodeado por ruas amplas e iluminadas por onde circulava o "grande mundo" londrino;
- em St. Giles só se viam pessoas da classe operária;
- havia sujeira e águas estagnadas pelos passeios de St. Giles;
- os operários moradores de St. Giles eram os mais mal pagos e viviam entre bandidos e prostitutas;
- a maioria dos habitantes de St. Giles eram irlandeses;
- a Inglaterra era pobre e miserável;
- havia, nas cidades inglesas, sujeira e má organização;
- a causa de toda miséria e do caos urbano inglês advinha da presença dos irlandeses.

Com a análise da estrutura lógica dos argumentos e com o teste de validade, ou não, de suas razões e conclusão, é possível verificar se determinado argumento se sustenta ou se ele é fraco demais. É importante ressaltar que aqui estamos apresentando um exemplo simples e que o trabalho com argumentos em sala de aula deve contar com o apoio de outras informações, principalmente aquelas oriundas da exploração de linguagens entendidas como fontes históricas.

Figura 6.8 Palavras de conclusão

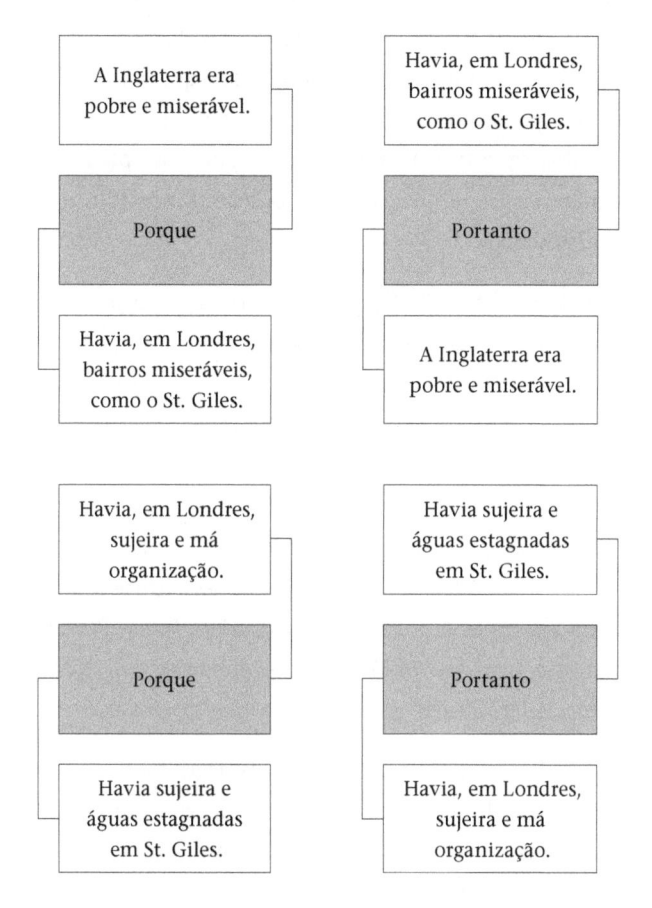

```
┌─────────────────────┐      ┌─────────────────────┐
│  A Inglaterra era   │      │  Havia, em Londres, │
│  pobre e miserável. │      │  bairros miseráveis,│
│                     │      │  como o St. Giles.  │
└─────────────────────┘      └─────────────────────┘
       │                            │
     Porque                       Portanto
       │                            │
┌─────────────────────┐      ┌─────────────────────┐
│  Havia, em Londres, │      │  A Inglaterra era   │
│  bairros miseráveis,│      │  pobre e miserável. │
│  como o St. Giles.  │      │                     │
└─────────────────────┘      └─────────────────────┘

┌─────────────────────┐      ┌─────────────────────┐
│  Havia, em Londres, │      │  Havia sujeira e    │
│  sujeira e má       │      │  águas estagnadas   │
│  organização.       │      │  em St. Giles.      │
└─────────────────────┘      └─────────────────────┘
       │                            │
     Porque                       Portanto
       │                            │
┌─────────────────────┐      ┌─────────────────────┐
│  Havia sujeira e    │      │  Havia, em Londres, │
│  águas estagnadas   │      │  sujeira e má       │
│  em St. Giles.      │      │  organização.       │
└─────────────────────┘      └─────────────────────┘
```

Uma das constatações a que se pode chegar no trabalho sistemático com argumentação histórica diz respeito à capacidade dos alunos de perceber que, pelo menos nas aulas de História, toda argumentação precisa ser historicamente inteligível e plausível e que um posicionamento deve decorrer da junção de vários fatores. Entre esses fatores estão o conhecimento histórico e a consciência histórica, que podem (e devem) ser construídos e desenvolvidos por meio do trabalho com variadas linguagens entendidas como fontes históricas – isto é, pode meio de abordagens que permitam descrever o que se investiga, identificar aquilo que se conhece e relacionar isso a informações sobre a fonte analisada, a fim de apresentar explicações plausíveis e de interpretá-las. Assim, a crítica e a atribuição de sentidos não serão vazias e infundadas.

> Se os estudantes tratarem a História simplesmente como uma questão de opinião, estaremos mal. Certamente devemos respeitar a opinião alheia, mas se suas afirmações sobre o passado e as minhas afirmações sobre o passado forem apenas tratadas como opinião, tenho a impressão de que banalizamos a História.
>
> A História só será levada a sério se entendermos que ela é baseada em argumentos. Sua opinião deve ser respeitada, mas eu não preciso respeitar seus argumentos. É claro que devo respeitar seus argumentos, desde que nossa argumentação ocorra de maneira lógica e focada. Respeitar a perspectiva do outro deve significar estarmos preparados para analisá-la de maneira lógica e robusta. (Chapman, 2011, p. 105, tradução nossa)

Para as aulas de História, a criação de argumentos e a verificação de sua plausibilidade histórica podem ocorrer juntamente com a exploração das linguagens entendidas como fontes históricas, de modo que a tarefa de crítica e atribuição de significados esteja amparada por argumentos plausíveis.

(6.5)
Relatos de experiências em sala de aula

As aulas de História podem ser o momento de protagonismo dos estudantes, quando, orientados pelos docentes, eles assumem a cena.

Esse tipo de prática demanda envolvimento entre professores e alunos, de modo que haja alguma intimidade e cumplicidade. Afinal, chamar para si a atenção de toda a sala é como ter as luzes da ribalta todas em sua direção. Nos anos iniciais do ensino fundamental, isso não chega a ser um problema, pois os estudantes estão acostumados com atividades que envolvem interação e exposição. Porém, dos anos finais do ensino fundamental ao ensino médio, gradativamente os aprendizes passam por transições biológicas e sociais que alteram a maneira como eles se relacionam com os demais colegas.

Abordagens desse tipo estimulam a criatividade dos alunos e permitem que os limites tradicionais da sala de aula sejam rompidos, promovendo uma participação mais ativa e, ao mesmo tempo, problematizada, já que os estudantes precisam elaborar os conhecimentos trabalhados a fim de organizar seus trabalhos. A criatividade em questão está diretamente relacionada com a liberdade, com a ideia de autonomia que é fundamental quando, de fato, se ambiciona a formação de cidadãos críticos e atuantes no meio em que estão inseridos.

Quando pensamos em abordagens que privilegiam o protagonismo dos aprendizes, pensamos em possibilidades de reflexão, de criação e de produção; de organização e de planejamento; e, é claro, de execução e apresentação. Abordagens com essas características vão além de uma mera apresentação na frente da turma – geralmente composta por um cartaz confeccionado em cartolina, que contém algumas imagens coladas e textos, e por um discurso que não foi ensaiado, mas decorado (invariavelmente apoiado em uma cola estrategicamente afixada no verso do cartaz). Os estudantes que assistem a uma apresentação como essa não entendem muita coisa das imagens diminutas e dos textos ilegíveis expostos, tampouco conseguem estabelecer relações significativas entre o cartaz e o discurso decorado. Aliás, ousamos afirmar que, em apresentações como essa, nem o próprio apresentador estabelece relações significativas. Em síntese, não identificamos nela vantagens para o processo de construção e desenvolvimento do conhecimento histórico.

Professores, pedagogos, psicopedagogos e toda sorte de profissionais envolvidos no cotidiano escolar, que estão preocupados com a educação e as possibilidades de ensinar e aprender parecem concordar que os resultados dos processos de ensino-aprendizagem são mais positivos, produtivos e significativos quando há envolvimento entre professores e alunos, principalmente se há cumplicidade e emoção. Aprendemos mais e lembramos melhor aquilo que foi trabalhado com um carinho atencioso, com cuidados pessoais dispensados a cada um dos sujeitos envolvidos, sempre considerando as diversidades e as particularidades de cada um. Também parece haver concordância quanto à ideia de que cada sujeito aprende de uma maneira diferente e isso precisa ser levado em conta não só no planejamento das aulas, mas também nos processos avaliativos.

Por essas e outras razões, é importante explorar abordagens que tornem os estudantes protagonistas do processo de ensino--aprendizagem, caminho seguro para alcançar o objetivo de pleno desenvolvimento do conhecimento histórico e da consciência histórica. Na sequência, como exemplos, apresentaremos algumas abordagens desse tipo, que contaram com o protagonismo dos aprendizes e que, pela nossa avaliação, resultaram em férteis experiências, pois envolveram engenhosidade e criatividade, pesquisa e elaboração, explicação e interpretação para o benefício da construção e do desenvolvimento do conhecimento histórico.

O Mercado Medieval foi uma abordagem que, apesar do nome, teve como objetivo permitir que os alunos percebessem as semelhanças e as diferenças entre as práticas econômicas do período de transição entre o Medievo e a modernidade europeia, com ênfase no sistema de trocas medieval e no sistema mercantil moderno. Havíamos identificado dificuldades entre os estudantes no tocante à compreensão das peculiaridades de cada um dos sistemas – por mais que as informações fossem apresentadas, o entendimento e a significância de suas ideias ainda ficavam aquém do esperado. Assim, colocamos em prática a referida abordagem, em que levamos os alunos ao pátio da escola, onde experimentaram de maneira simulada as dinâmicas dos sistemas econômicos mencionados.

Os alunos foram convidados a levar à escola objetos diversos para servir como mercadorias do período: alimentos como doces, salgados e bolos; roupas e sapatos; especiarias e condimentos; e bichos de pelúcia, que cumpriram a função de animais destinados à alimentação. Coube a nós levar uma grande quantidade de moedas, que teriam função específica durante o encaminhamento da atividade. Em um primeiro momento, os alunos foram instados a trocar suas mercadorias por outras, buscando sempre uma relação de equivalência – de preço justo – para que não houvesse prejuízos e/ou vantagens em demasia. Posteriormente, entramos em cena como governantes de um Estado moderno em formação; como precisávamos organizar e fortalecer nosso reino, adotamos um sistema monetário para fomentar e agilizar as transações econômicas. Cada estudante recebeu determinada quantidade de moedas e, com elas, passou a adquirir mercadorias de seu interesse. Em determinado momento da atividade, cobrávamos, como governantes, nossos impostos.

A apresentação do Teatro de Sombras foi outra estratégia na qual os aprendizes foram protagonistas. A apresentação do teatro exigiu que informações relacionadas a determinado assunto/tema – no caso, as Revoluções Inglesas – fossem organizadas e sistematizadas para a elaboração dos elementos específicos do teatro: história, roteiro, personagens e, nesse caso específico, silhuetas (bonecos e objetos), tela e foco de luz.

O processamento das informações envolveu uma seleção por parte dos estudantes, que elaboraram o roteiro com base na história que decidiram contar. Como professores, acompanhamos todo o processo para nos certificarmos de que a narrativa estaria historicamente fundamentada, isto é, seria historicamente plausível e inteligível. A apresentação envolveu todos os elementos de uma apresentação teatral, conferindo aos aprendizes responsáveis o *status* de protagonistas, inclusive com direito a aplausos.

De maneira semelhante, tanto o teatro de fantoches quanto a encenação com projetor multimídia foram abordagens que privilegiaram o protagonismo dos alunos, envolvendo reflexão, criação/produção, organização/planejamento e execução/apresentação. O interessante de abordagens como essas é a possibilidade de os estudantes resolverem as demandas do trabalho de maneira extremamente criativa e, na maioria das vezes, de forma autônoma, apesar do acompanhamento constante dos professores.

Ainda no campo das encenações, a possibilidade de extrapolar as aulas de História é uma estratégia de grande impacto, pois confere um destaque maior aos aprendizes protagonistas, uma vez que atinge outros alunos e, eventualmente, toda a comunidade escolar. O Golpe em Sala de Aula e a Independência ou Morte foram duas abordagens desse tipo, que foram além da sala de aula dos envolvidos.

Na ocasião do aniversário de 40 anos do golpe civil-militar brasileiro, decidimos (re)lembrar aquele passado que não deve ser esquecido e organizamos uma encenação na qual invadimos outras salas "censurando" as aulas que estavam acontecendo. O aspecto do inesperado favoreceu a apresentação, pois ninguém além dos alunos envolvidos estava ciente do que acontecia. Em Independência ou Morte, por sua vez, todos os estudantes da escola foram levados para o auditório, onde aconteceu a encenação/apresentação. Em ambos os casos, houve muito ensaio para a preparação e, depois, um bate--papo para retomar o que foi visto e entendido pelos espectadores.

Mesmo quando os estudantes não estão em posição de exibição, o protagonismo também pode ser valorizado. Isso é possível com abordagens como a que culminou na produção instituída *Vietnã*, um vídeo de animação que foi criado por alunos do 9º ano do ensino fundamental e apresentado aos colegas em sala de aula. Quando pensamos na oportunidade de permitir que o protagonismo dos aprendizes seja caracterizado por autonomia e liberdade, é disso que estamos falando, pois não importa a solução adotada, e sim o resultado. Em outras palavras, é mais importante a mensagem do que o meio.

Conforme é possível perceber, as soluções encontradas são, de certa forma, simples e fáceis de serem executadas e realizáveis no tempo e espaço da escola, em uma demonstração de que, com criatividade e liberdade, os alunos podem apresentar ótimos resultados. Certamente, isso colabora para um aprendizado mais significativo e para a construção e o desenvolvimento do conhecimento histórico.

Síntese

Neste capítulo, apresentamos como as variadas possibilidades de trabalho com linguagens se relacionam. Como exemplo, indicamos o uso dos jogos nas aulas de História, o que se constitui em uma abordagem lúdica e significativa. Demonstramos também como o uso de representações não linguísticas pode colaborar para a construção e o desenvolvimento do conhecimento histórico dos estudantes.

Na sequência, mostramos que a definição de temas problematizadores é uma possibilidade estratégica para as aulas de História, esclarecendo como determinado tema pode articular vários assuntos relacionados. Em seguida, discutimos a importância da argumentação nas aulas de História e explicamos como é possível trabalhar esse aspecto fundamental em sala.

Encerramos o capítulo com algumas iniciativas, ou experiências, que geraram resultados positivos, ou seja, permitiram que o conhecimento histórico dos estudantes fosse desenvolvido efetivamente nas aulas de História.

Atividades de autoavaliação

1. Analise as afirmações a seguir sobre o uso de jogos nas aulas de História:
    i) Para o uso de jogos nas aulas de História, é preciso que eles sejam apresentados aos estudantes e que os professores os conheçam bem, assim como suas principais características.
    ii) Para os professores, é imprescindível conhecer a história do jogo e o contexto histórico a ele relacionado, as regras, os objetivos, o enfoque, os atributos pedagógicos e as possibilidades de adaptação e revisão no decorrer da atividade.
    iii) O maior inconveniente do uso de jogos nas aulas de História é que eles não permitem que se diagnostique, antecipadamente, quais são os conhecimentos prévios e as referências históricas necessárias para se jogar.

iv) Os jogos devem representar desafios alcançáveis para os alunos, isto é, garantir que eles possam aproveitar as competências e os conhecimentos prévios e elaborar o conhecimento, construindo outros novos.

Agora, assinale a alternativa correta:

a) Apenas as afirmações I, II e III são corretas.
b) Apenas as afirmações I, II e IV são corretas.
c) Apenas as afirmações I, III e IV são corretas.
d) Todas as afirmações são corretas.

2. Sobre o uso de representações não linguísticas nas aulas de História, assinale a alternativa correta:

a) Pensamos e lembramos mais e melhor quando trabalhamos com dois sistemas de representação, como o linguístico/verbal e o não linguístico/visual.
b) Trabalhar com representações não linguísticas reduz as possibilidades de construção e desenvolvimento do conhecimento, bem como sua ativação e aplicação.
c) Elaborar os conhecimentos que estão sendo trabalhados é importante, mas isso não ocorre pela produção de representações não linguísticas.
d) A construção de organizadores gráficos impede que as informações trabalhadas em determinada aula possam ser sistematizadas e os estudantes possam elaborá-las.

3. Analise as afirmações a seguir sobre o uso de temas problematizadores nas aulas de História:
   i) O trabalho por meio de temas problematizadores é um caminho que pode envolver diversas linguagens entendidas como fontes históricas.
   ii) Abordagens que tenham como fio condutor um tema problematizador são, normalmente, mais simples e leves, pois articulam o uso de diversos tipos de linguagem.
   iii) Um tema problematizador deve ser entendido como o fim de uma aula de História, nunca como o meio.
   iv) O uso de temas problematizadores possibilita dar outros sentidos para as aulas de História, isto é, em vez de apenas repassar informações, é possível dar significância ao trabalho de investigação.

   Agora, assinale a alternativa correta:

   a) Apenas as afirmações I e II são corretas.
   b) Apenas as afirmações II e IV são corretas.
   c) Apenas as afirmações I e IV são corretas.
   d) Apenas as afirmações II e III são corretas.

4. Analise as afirmações a seguir sobre o trabalho com argumentação nas aulas de História:
   i) Criar hipóteses é conjecturar, é apresentar suposições que, independentemente de serem verdadeiras ou falsas, acabam sendo admitidas.
   ii) A argumentação nas aulas de História exige dos aprendizes o acionamento de conhecimentos e saberes prévios e a articulação das informações disponíveis para que possam criar um cenário hipotético.

iii) Para testar uma hipótese elaborada, é preciso contrapô-la com as informações previamente identificadas, a fim de verificar sua plausibilidade histórica.

iv) Entender um argumento demanda: entender o que ele estabelece (ou sua conclusão); quais são as razões apresentadas que sustentam a conclusão; e como a conclusão e as razões se relacionam.

Agora, assinale a alternativa correta:

a) Apenas as afirmações I, II e III são corretas.
b) Apenas as afirmações I, II e IV são corretas.
c) Apenas as afirmações I, III e IV são corretas.
d) Todas as afirmações são corretas.

5. Sobre as experiências/iniciativas apresentadas neste capítulo, assinale a alternativa correta:

a) As iniciativas apresentadas tiveram como objetivo destacar o protagonismo docente ante o discente.
b) Entre as experiências apresentadas, constata-se a ausência daquelas que promovem o exercício da criatividade dos estudantes.
c) Foram apresentadas abordagens que envolveram engenhosidade e criatividade, com o objetivo de beneficiar a construção e o desenvolvimento do conhecimento histórico.
d) Todas as estratégias apresentadas são de solução complexa e inapropriadas para o espaço de duração de uma aula.

Atividades de aprendizagem

Questões para reflexão

1. Reflita sobre o uso de jogos nas aulas de História, procurando (re)lembrar iniciativas como essa em sua experiência como estudante, a fim de compará-las com as sugestões metodológicas apresentadas no capítulo. Caso não tenha participado de alguma atividade envolvendo jogos nas aulas de História, pense em uma possibilidade que possa ser aplicada em uma aula específica.

2. Com base no que foi discutido sobre outras representações nas aulas de História, pense em uma representação não linguística para determinada sequência didática. Não se esqueça de considerar o assunto/tema da aula e uma abordagem para que a elaboração da representação não linguística possa ser avaliada.

Atividade aplicada: prática

1. Tendo como base os exemplos fornecidos na abordagem sobre a argumentação nas aulas de História, organize o planejamento de uma sequência didática que explore a importância da argumentação. Para isso, selecione as fontes que serão analisadas pelos estudantes e indique como será realizada a atividade de teste das conclusões e razões que permitirão verificar a plausibilidade dos argumentos trabalhados.

Considerações finais

Começar uma aula é sempre mais fácil do que terminá-la. Assim ocorreu com este livro, desde o momento em que surgiu o convite para escrevê-lo. Afinal, escrever sobre a prática profissional e sua relação com o ensino de História e o uso de linguagens e fontes é algo que nos acompanha desde as primeiras aulas, ainda em fase de experimentação e estágio monitorado.

    Lembramo-nos bem de ter levado um toca-fitas para aquelas aulas, quando ainda não éramos professores de fato, apesar de já o sermos. Lembramo-nos – e ainda as temos – das transparências adquiridas com muito esforço (técnico e financeiro), a fim de poder apresentar imagens em tamanho maior, para que fosse possível identificar detalhes que nos livros didáticos não se revelavam. Lembramo-nos – e os guardamos como verdadeiros troféus – de simuladores de código Morse, de réplicas de pontes e torres, de fotografias, de encenações e maquetes, todas belamente construídas pelos estudantes. Outras lembranças ainda nos vêm à mente, como o fascínio ante a descoberta de detalhes que passaram despercebidos em uma pintura, como a felicidade em identificar uma fachada ou uma rua exibida na aula de História como algo de seu conhecimento, de sua vivência.

Então, a princípio, parece fácil escrever sobre tudo isso. No entanto, quando paramos para organizar as ideias, percebemos que há mais informações do que é possível apresentar nas páginas de um livro e que, por mais que desejemos descrever as melhores e mais interessantes ideias, teorias e experiências, somos forçados a selecionar, a tolher destas páginas muito material que consideramos importante. Quem sabe uma próxima vez.

Esta obra, portanto, é um recorte daquilo que entendemos como mais apropriado, mais relevante e mais útil para os docentes de História. Nela, procuramos equilibrar, com doses homeopáticas, informações sobre diversos tipos de linguagens que, se entendidas como fontes históricas, podem ser exploradas nas aulas. Reunimos discussões, ideias e sugestões relativas a livros, fotografia, música, cinema, pintura, escultura, arquitetura, cartografia, mapas, jogos e mais algumas possibilidades.

Este livro não tem a função de um manual, com regras a serem seguidas, mas de um guia, com opções a serem experimentadas. É um livro que retrata, acima de tudo, a crença de que o poder de transformação está em nossas mãos e a esperança de que é por meio da educação que viveremos melhor. Como professores, vivemos firmes nessa crença e com essa esperança.

Referências

1492: a conquista do paraíso. Direção: Ridley Scott. Espanha, França: Paramount Pictures, 1992. 148 min.

ADORNO, T. W. **Indústria cultural e sociedade**. Tradução de Juba Elisabeth Levy et al. 2. ed. São Paulo: Paz e Terra, 2002.

ADORNO, T. W.; HORKHEIMER, M. O Iluminismo como mistificação das massas. Tradução de Juba Elisabeth Levy. In: ADORNO, T. W. **Indústria cultural e sociedade**. 2. ed. São Paulo: Paz e Terra, 2002. p. 5-44.

ALGRANTI, M. **Pequeno dicionário da gula**. Rio de Janeiro: Record, 2004.

ALIMENTACIÓN SANA. **Tipos de sal**. Disponível em: <http://www.alimentacion-sana.com.ar/informaciones/novedades/saltipos.htm>. Acesso em: 16 fev. 2018.

ALMEIDA, R. D. de. **Do desenho ao mapa**: iniciação cartográfica na escola. São Paulo: Contexto, 2004.

ANDRADE, D. E.-J. O lúdico e o sério: experiências com jogos no ensino de história. **História & Ensino**, Londrina, v. 13, p. 91-106, set. 2007. Disponível em: <http://www.uel.br/revistas/uel/index.php/histensino/article/view/11646/10329>. Acesso em: 16 fev. 2018.

ANDRADE, V. C. Repensando o documento histórico e sua utilização no ensino. In: MONTEIRO, A. M. F. C.; GASPARELLO, A. M.; MAGALHÃES, M. de S. (Org.). **Ensino de história**: sujeitos, saberes e práticas. Rio de Janeiro: Mauad/ Faperj, 2007. p. 231-237.

BACELLAR, C. Fontes documentais: uso e mau uso dos arquivos. In: PINSKY, C. B. (Org.). **Fontes históricas**. São Paulo: Contexto, 2006. p. 23-80.

BACHELARD, G. **A poética do espaço**. Tradução de Antonio de Padua Danesi. São Paulo: M. Fontes, 1998.

BARTHES, R. **A câmara clara**: nota sobre a fotografia. Tradução de Júlio Castañon Guimarães. Rio de Janeiro: Nova Fronteira, 1984.

BENJAMIN, W. A obra de arte na era de sua reprodutibilidade técnica. In: BENJAMIN, W. **Magia e técnica, arte e política**: ensaios sobre a literatura e história da cultura. Tradução de Hemerson Alves Baptista e José Carlos Martins Barbosa. São Paulo: Brasiliense, 1994. p. 165-169. (Obras Escolhidas, v. 1).

BENJAMIN, W. **Reflexões sobre a criança, o brinquedo e a educação**. Tradução de Marcus Vinicius Mazzari. 2. ed. São Paulo: Duas Cidades; Ed. 34, 2011. (Coleção Espírito Crítico).

BEZERRA, H. G. Ensino de história: conteúdos e conceitos básicos. In: KARNAL, L. (Org.). **História na sala de aula**: conceitos, práticas e propostas. 3. ed. São Paulo: Contexto, 2005. p. 37-48.

BÍBLIA. (Antigo Testamento). 1 Samuel. Português. **Bíblia Online**. Tradução de Almeida corrigida e revisada, fiel ao texto original, cap. 17, vers. 5-50. Disponível em: <https://www.bibliaonline.com.br/acf/1sm/17>. Acesso em: 19 fev. 2018.

BITTENCOURT, C. M. F. (Org.). **O saber histórico na sala de aula**. 11. ed. São Paulo: Contexto, 2009a.

BITTENCOURT, C. M. F. **Ensino de história:** fundamentos e métodos. São Paulo: Cortez, 2004. (Coleção Docência em Formação).

BITTENCOURT, C. M. F. **Ensino de história:** fundamentos e métodos. 2. ed. São Paulo: Cortez, 2008. (Coleção Docência em Formação).

BITTENCOURT, C. M. F. Livros didáticos entre texto e imagens. In: BITTENCOURT, C. M. F. (Org.). **O saber histórico na sala de aula**. 11. ed. São Paulo: Contexto, 2009b. p. 69-90.

BORGES, V. P. **O que é história**. 2. ed. São Paulo: Brasiliense, 2007.

BOURHIS, H. **O pequeno livro do rock**. Tradução de Fabiana Caso e Laurence Trille. São Paulo: Conrad, 2010.

BRANCO, A. **O beijo no asfalto:** em quadrinhos. Rio de Janeiro: Nova Fronteira, 2007.

BRANSFORD, J. D.; BROWN, A. L.; COCKING, R. (Org.). **Como as pessoas aprendem:** cérebro, mente, experiência e escola. Tradução de Carlos David Szlak. São Paulo: Senac, 2007.

BRASIL. **Conheça as diferenças entre patrimônios materiais e imateriais**. 31 out. 2009. Disponível em: <http://www.brasil.gov.br/cultura/2009/10/conheca-as-diferencas-entre-patrimo nios-materiais-e-imateriais>. Acesso em: 16 fev. 2018.

BRASIL. Constituição (1988). **Diário Oficial da União**, Brasília, DF, 5 out. 1988.

BRASIL. Ministério da Educação. **Base Nacional Comum Curricular**. 1. versão. 2015. Disponível em: <http://historiadabncc.mec.gov.br/documentos/BNCC-APRESENTACAO.pdf>. Acesso em: 16 fev. 2018.

BRASIL. Ministério da Educação. Instituto Nacional de Estudos e Pesquisas Educacionais Anísio Teixeira. **Matriz de referência ENEM**. 2012. Disponível em: <http://download.inep.gov.br/educacao_basica/enem/downloads/2012/matriz_referencia_enem.pdf>. Acesso em: 16 fev. 2018.

BRASIL. Ministério da Educação. Secretaria de Educação Básica. **Orientações Curriculares para o Ensino Médio**: Ciências Humanas e suas Tecnologias. Brasília, 2006. v. 3. Disponível em: <http://portal.mec.gov.br/seb/arquivos/pdf/book_volume_03_internet.pdf>. Acesso em: 16 fev. 2018.

BRASIL. Ministério da Educação. Secretaria de Educação Fundamental. **Parâmetros Curriculares Nacionais**: Terceiro e Quarto Ciclos do Ensino Fundamental – História. Brasília, 1998a. Disponível em: <http://portal.mec.gov.br/seb/arquivos/pdf/pcn_5a8_historia.pdf>. Acesso em: 21 fev. 2018.

BRASIL. Ministério da Educação. Secretaria de Educação Fundamental. **Parâmetros Curriculares Nacionais**: Introdução aos Parâmetros Curriculares Nacionais. Brasília, 1998b. Disponível em: <http://portal.mec.gov.br/seb/arquivos/pdf/livro01.pdf>. Acesso em: 21 fev. 2018.

BRASIL. Ministério da Educação. Secretaria de Educação Média e Tecnológica. **Parâmetros Curriculares Nacionais**: Ensino Médio. Parte IV – Ciências Humanas e suas Tecnologias. Brasília, 2000. Disponível em: <http://portal.mec.gov.br/seb/arquivos/pdf/cienciah.pdf>. Acesso em: 16 fev. 2018.

BRIGGS, A.; BURKE, P. **Uma história social da mídia**: de Gutenberg à internet. Tradução de Maria Carmelita Pádua Dias. Rio de Janeiro: J. Zahar, 2004.

BROOK, T. **O chapéu de Vermeer:** o século XVII e a aurora do mundo global. Tradução de Maria Beatriz de Medina. Rio de Janeiro: Record, 2012.

BROTTON, J. **El bazar del Renacimiento:** sobre la influencia de Oriente en la cultura occidental. Traducción de Carme Castells. Buenos Aires: Paidós, 2004.

BROTTON, J. **Uma história do mundo em doze mapas.** Tradução de Pedro Maia. Rio de Janeiro: J. Zahar, 2014.

CALVINO, I. **As cidades invisíveis.** Tradução de Diogo Mainardi. São Paulo: Publifolha, 2003. (Coleção Biblioteca Folha).

CALVINO, I. **Seis propostas para o próximo milênio.** Tradução de Ivo Barroso. São Paulo: Companhia das Letras, 1990.

CARDOSO, F. H. Maquiavel eterno. In: MAQUIAVEL, N. **O Príncipe.** Tradução de Luiz A. de Araújo. São Paulo: Penguin Classics; Companhia das Letras, 2010. p. 11-12.

CARVALHO, A. J. **Comidas de botequim.** Rio de Janeiro: Nova Fronteira, 1981.

CASCUDO, L. da C. **Dicionário do folclore brasileiro.** São Paulo: Global, 2001.

CASTROGIOVANNI, A. C. (Org.). **Ensino de geografia:** práticas e textualizações no cotidiano. 10. ed. Porto Alegre: Mediação, 2012.

CHAPMAN, A. Taking the Perspective of the Other Seriously? Understanding Historical Argument. **Educar em Revista**, Curitiba, v. 27, n. 42, p. 95-106, out./dez. 2011. Disponível em: <http://revistas.ufpr.br/educar/article/view/25886/17277>. Acesso em: 16 fev. 2018.

CHARTIER, R. **A aventura do livro:** do leitor ao navegador. Tradução de Reginaldo Carmello Corrêa de Moraes. São Paulo: Ed. da Unesp, 1998.

COELHO, O. G. P. Prefácio. In: VERÍSSIMO, F. S; BITTAR, W. S. M. **500 anos da casa no Brasil**. Rio de Janeiro: Nova Fronteira, 1999. p. 9-12.

CONY, C. H. **O presidente que sabia javanês**. Ilustrações de Angeli. São Paulo: Boitempo, 2001.

CORÇÃO, M. **Bar Palácio**: uma história de comida e sociabilidade em Curitiba. Curitiba: Máquina de Escrever, 2012.

CORTINA de fumaça. Direção: Paul Auster, Wayne Wang. Alemanha, EUA: Miramax, 1995. 110 min.

CRUMB, R. **América**. Tradução de Daniel Galera. São Paulo: Conrad, 2004.

CRUMB, R. **Gênesis**. Tradução de Rogério de Campos. São Paulo: Conrad, 2009.

DAVID, C. M. **Música e ensino de história**: uma proposta. Franca, Unesp. Disponível em: <https://acervodigital.unesp.br/bitstream/123456789/46189/1/01d21t06.pdf>. Acesso em: 16 fev. 2018.

DEBRET, J.-B. **Viagem pitoresca e histórica ao Brasil**. Tradução e notas de Sérgio Miliet. Belo Horizonte: Itatiaia, 2008. (Coleção Reconquista do Brasil).

DINAP. **Conheça a Dinap**. Disponível em: <http://www.dinap.com.br/site/institucional/>. Acesso em: 16 fev. 2018.

DINIZ, A. **Chalaça**: o amigo do imperador. São Paulo: Conrad, 2005.

DRÈGE, J.-P. **Marco Polo e a rota da seda**. Tradução de Ana Roiter. Rio de Janeiro: Objetiva, 2002. (Coleção Descobertas).

ECO, U. **Historia de la belleza**. Traducción de Maria Pons Irazazábal. 8. ed. Barcelona: Lumen, 2007.

EISNER, W. **Quadrinhos e arte sequencial**. Tradução de Alexandre Boide e Luis Carlos Borges. São Paulo: M. Fontes, 1999.

ELIAS, N. **O processo civilizador**. Tradução de Ruy Jungmann. Rio de Janeiro: Zahar, 1990. v. 1: Uma história dos costumes.

ENGELS, F. **A situação da classe trabalhadora na Inglaterra**. Tradução de B. A. Schumman. São Paulo: Boitempo, 2010.

FERREIRA, M. **Como usar a música na sala de aula**. 7. ed. São Paulo: Contexto, 2010.

FIGUEIREDO, C. **100 discursos históricos brasileiros**. Belo Horizonte: Leitura, 2003.

FON FON: Semanario Alegre, Politico, Critico e Espusiante. Rio de Janeiro, Cia. Editora Fon-Fon e Seleta, 1911. Disponível em: <http://memoria.bn.br/hdb/periodico.aspx>. Acesso em: 16 out. 2023.

FOLMAN, A.; POLONSKY, D. **Valsa com Bashir**. Tradução de Pedro Gonzaga. Porto Alegre: L&PM, 2012.

FONTENELLE, I. A. **O nome da marca**: McDonald's, fetichismo e cultura descartável. São Paulo: Boitempo, 2002.

FRANCO, A. **De caçador a gourmet**: uma história da gastronomia. São Paulo: Senac, 2001.

FREYRE, Gilberto. **CASA-GRANDE & senzala**: formação da família brasileira sob o regime de economia patriarcal. 50. ed. rev. Prefácio do autor. Apresentação de Fernando Henrique Cardoso. Biobibliografia de Edson Nery da Fonseca. São Paulo: Global, 2005. 719p., il. (Introdução à história da sociedade patriarcal no Brasil, 1).

FREYRE, G. **Casa-grande e senzala**: formação da família brasileira sob o regime da economia patriarcal. 21. ed. Rio de Janeiro: Record, 1994.

GINZBURG, C. **O queijo e os vermes**: o cotidiano e as ideias de um moleiro perseguido pela inquisição. Tradução de José Paulo Paes e Maria Betânia Amoroso. São Paulo: Companhia das Letras, 1987.

GOMBRICH, E. H. **A história da arte**. 16. ed. Tradução de Álvaro Cabral. Rio de Janeiro: LTC, 2008.

GOMES, L. **1808**: Como uma rainha louca, um príncipe medroso e uma corte corrupta enganaram Napoleão e mudaram a história de Portugal e do Brasil. 2. ed. São Paulo: Planeta, 2007.

GOMES, L. **1822**: Como um homem sábio, uma princesa triste e um escocês louco por dinheiro ajudaram Dom Pedro a criar o Brasil – um país que tinha tudo para dar errado. 2. ed. São Paulo: Globo, 2015.

GOMES, L. **1889**: Como um imperador cansado, um marechal vaidoso e um professor injustiçado contribuíram para o fim da Monarquia e a Proclamação da República no Brasil. São Paulo: Globo, 2013.

GOMES, R. C. **Todas as cidades, a cidade**: literatura e experiência urbana. Rio de Janeiro: Rocco, 2008.

GRAFTON, A. Introdução. In: MAQUIAVEL, N. **O príncipe**. Tradução de Luiz A. de Araújo. São Paulo: Penguin Classics; Companhia das Letras, 2010. p. 23-41.

HOBSBAWM, E. O Velho Mundo e o Novo: quinhentos anos de Colombo. In: HOBSBAWM, E. **Pessoas extraordinárias**: resistência, rebelião e jazz. Tradução de Irene Hirsch e Lolio Lourenço Oliveira. São Paulo: Paz e Terra, 1998. p. 405-414.

HOLLANDA, C. B. de. **Chico Buarque**: letra e música. São Paulo: Companhia das Letras, 1989. v. 1.

HOUAISS, A.; VILLAR, M. de S. **Dicionário Houaiss da língua portuguesa**. Rio de Janeiro: Objetiva, 2009.

IBGE – Instituto Brasileiro de Geografia e Estatística. **Acesso à internet e à televisão e posse de telefone móvel celular para uso pessoal – 2014**. Pesquisa Nacional por Amostra de Domicílios. Rio de Janeiro, 2016. Disponível em: <https://biblioteca.ibge.gov.br/visualizacao/livros/liv95753.pdf>. Acesso em: 19 fev. 2018.

IPHAN – Instituto do Patrimônio Histórico e Artístico Nacional. **Educação patrimonial – PA**. Disponível em: <http://portal.iphan.gov.br/pa/pagina/detalhes/518>. Acesso em: 19 fev. 2018.

JANOTTI, M. de L. O livro *Fontes históricas* como fonte. In: PINSKY, C. B. (Org.). **Fontes históricas**. São Paulo: Contexto, 2006. p. 9-22.

JELIN, E. **Los trabajos de la memoria**. Madrid: Siglo XXI, 2002.

JOLY, M. **Diálogo no inferno entre Maquiavel e Montesquieu:** ou a política de Maquiavel no século XIX, por um contemporâneo. Tradução de Nilson Moulin Louzada. São Paulo: Ed. da Unesp, 2009.

JORNAL DO BRASIL. Rio de Janeiro, 18 set. 1965. p. 1. Disponível em: <https://news.google.com/ newspapers?nid=0qX8s2k1IRwC&dat=19650918&printsec=frontpage&hl=pt-BR>. Acesso em: 19 fev. 2018.

KARNAL, L. (Org.). **História na sala de aula:** conceitos, práticas e propostas. 3. ed. São Paulo: Contexto, 2005.

KISHIMOTO, T. M. (Org.). **Jogo, brinquedo, brincadeira e a educação**. 14. ed. São Paulo: Cortez, 2011a.

KISHIMOTO, T. M. **O jogo e a educação infantil**. São Paulo: Cengage Learning, 2011b.

KOCH, I. **Vocabulário de alimentismo – A&B**. Curitiba: A. Koch, 2002.

KURLANSKY, M. **Sal**: uma história do mundo. Tradução de Silvana Vieira. São Paulo: Senac, 2004.

LACERDA, G. E. de. **Memórias de esquerda**: o movimento estudantil em Juiz de Fora de 1974 a 1985. Juiz de Fora: Funalfa, 2011.

LANGER, J. **As cidades imaginárias do Brasil**: ensaio. Curitiba: Secretaria de Estado da Cultura do Paraná, 1997.

LE GOFF, J. **História e memória**. Tradução de Bernardo Leitão, Irene Ferreira e Suzana Ferreira Borges. Campinas: Ed. da Unicamp, 1990.

LOPES, J. A. D. **A rainha que virou pizza**: crônicas em torno da história da comida no mundo. São Paulo: Companhia Editora Nacional, 2007.

MACEDO, L. de; PETTY, A. L. S.; PASSOS, N. C. **Aprender com jogos e situações-problema**. Porto Alegre: Artmed, 2007a.

MACEDO, L. de; PETTY, A. L. S.; PASSOS, N. C. **Os jogos e o lúdico na aprendizagem escolar**. Porto Alegre: Artmed, 2007b.

MAQUIAVEL, N. **O príncipe**. Tradução de Luiz A. de Araújo. São Paulo: Penguin Classics; Companhia das Letras, 2010.

MALUF, A. C. M. **Atividades lúdicas para a educação infantil**. 3. ed. Petrópolis: Vozes, 2012.

MARSON, A. Reflexões sobre o procedimento histórico. In: SILVA, M. (Org.). **Repensando a história**. Rio de Janeiro: Marco Zero/ Anpuh, 1984. p. 37-64.

MARZANO, R. J.; PICKERING, D. J.; POLLOCK, J. E. **O ensino que funciona**: estratégicas baseadas em evidências para melhorar o desempenho dos alunos. Tradução de Magda Lopes. Porto Alegre: Artmed, 2008.

McCLOUD, S. **Desvendando os quadrinhos**. Tradução de Helcio de Carvalho e Marisa do Nascimento Paro. São Paulo: M. Books, 2005.

McCLOUD, S. **Reinventando os quadrinhos**: como a imaginação e a tecnologia vêm revolucionando essa forma de arte. Tradução de Roger Maioli. São Paulo: M. Books, 2006.

McEVEDY, C. **Atlas de história medieval**. Tradução de Bernardo Joffily. São Paulo: Companhia das Letras, 2007.

MELLO, F. F. de. Habitações collectivas em S. Paulo. **Boletim da Sociedade de Medicina e Cirurgia de São Paulo**, São Paulo, v. 9, n. 4, p. 291-295, jun. 1926.

MONTEIRO, A. M. F. C.; GASPARELLO, A. M.; MAGALHÃES, M. de S. (Org.). **Ensino de história**: sujeitos, saberes e práticas. Rio de Janeiro: Mauad; Faperj, 2007.

NAPOLITANO, M. A história depois do papel. In: PINSKY, C. B. (Org.) **Fontes históricas**. São Paulo: Contexto, 2006. p. 254-273.

NAPOLITANO, M. **Como usar o cinema na sala de aula**. 4. ed. São Paulo: Contexto, 2010.

NEVES, M. C. Atlas: um produto cultural da época moderna. **Encontros**, Rio de Janeiro, ano 10, n. 18, p. 46-61, jan./jun. 2012. Disponível em: <http://cp2.g12.br/ojs/index.php/encontros/article/view/342/283>. Acesso em: 19 fev. 2018.

NICOLAZZI Junior, N. F. Os Fabulosos Peludos Irmãos Doidões: uma análise histórica dos anos 1960 e 1970 pelos quadrinhos de Gilbert Shelton. In: ENCONTRO NACIONAL DOS PESQUISADORES DO ENSINO DE HISTÓRIA, 9., 2011, Florianópolis. **Anais**... Florianópolis, 2011.

NICOLAZZI Junior, N. F. Sociedade e cultura nos quadrinhos underground brasileiros da Nova República (1984-1995). In: SEMANA DE HISTÓRIA POLÍTICA: POLÍTICA, CONFLITOS E IDENTIDADES NA MODERNIDADE, 9., 2014, Rio de Janeiro. **Anais**... Rio de Janeiro: PPGH/UERJ, 2014.

O NOME da rosa. Direção: Jean-Jacques Annaud. Alemanha, França, Itália: Constantin Film, 1986. 126 min.

PAIVA, L.; ADELAIDE, J. da. Acorda amor. Intérprete: Chico Buarque. In: BUARQUE, Chico. **Sinal fechado**. Rio de Janeiro: Philips, 1974. Faixa 7.

PAIVIO, A. **Mental Representations**: a Dual Coding Approach. New York: Oxford University Press, 1990.

PEREIRA, A. M. Saleiros de cozinha. **Garfadas On Line**, 2 out. 2008. Disponível em: <http://garfadasonline.blogspot.com/2008/10/hoje-damos-pouca-importncia-ao-sal.html>. Acesso em: 19 fev. 2018.

PEREIRA, K. H. **Como usar artes visuais na sala de aula**. 2. ed. São Paulo: Contexto, 2010. (Coleção Como Usar na Sala de Aula).

PETRÔNIO. **Satíricon**. Tradução de Claudio Aquati. São Paulo: C. Naify, 2008. v. 22. (Coleção Prosa do Mundo).

PINSKY, C. B. (Org.). **Fontes históricas**. São Paulo: Contexto, 2006.

PINSKY, C. B.; PINSKY, J. Por uma história prazerosa e consequente. In: KARNAL, L. (Org.). **História na sala de aula**: conceitos, práticas e propostas. 3. ed. São Paulo: Contexto, 2005. p. 17-36.

PINTO, H. O triângulo patrimônio/museu/escola: que relação com a educação histórica? In: SCHMIDT, M. A.; BARCA, I. (Org.). **Aprender história**: perspectivas da educação histórica. Ijuí: Ed. Unijuí, 2009. p. 271-302. (Coleção Cultura, Escola e Ensino).

RAMA, A. et al. **Como usar as histórias em quadrinhos na sala de aula**. São Paulo: Contexto, 2009. (Coleção Como Usar a Sala de Aula).

RAMOS, P. **A leitura dos quadrinhos**. São Paulo: Contexto, 2010.

RIO Botequim: 50 bares e botequins com a alma carioca. Rio de Janeiro: Casa da Palavra/Memória Brasil, 2004.

ROCHA, H. Linguagem e novas linguagens: pesquisa e práticas no ensino de história. In: ROCHA, H.; MAGALHÃES, M.; GONTIJO, R. (Org.). **O ensino de história em questão**: cultura histórica, usos do passado. Rio de Janeiro: Ed. da FGV, 2015a. p. 97-120.

ROCHA, H., MAGALHÃES, M.; GONTIJO, R. (Org.). **O ensino de história em questão**: cultura histórica, usos do passado. Rio de Janeiro: Ed. da FGV, 2015b.

ROMERO, J. L. **La ciudad occidental**: culturas urbanas en Europa y América. Buenos Aires: Siglo XXI, 2009.

ROUANET, S. P. **A razão nômade**: Walter Benjamin e outros viajantes. Rio de Janeiro: Ed. da UFRJ, 1993.

RUIZ, R. Novas formas de abordar o ensino de história. In. KARNAL, L. (Org.). **História na Sala de Aula**: conceitos, práticas e propostas. 3. ed. São Paulo: Contexto, 2005. p. 75-91.

SANTOS, C. R. A. dos. A comida como lugar de história: as dimensões do gosto. **História: Questões e Debates**, Curitiba, n. 54, p. 103-124, jan./jun. 2011. Disponível em: <http://revistas.ufpr.br/historia/article/viewFile/25760/17202>. Acesso em: 19 fev. 2018.

SARTORI, G. **Homo videns**: televisão e pós-pensamento. Tradução de Antonio Angogese. Bauru: Edusc, 2001.

SATRAPI, M. **Persépolis**. Tradução de Paulo Werneck. São Paulo: Companhia das Letras, 2007.

SCHMIDT, M. A. Construindo conceitos no ensino de história: "a captura lógica" da realidade social. **História & Ensino**, Londrina, v. 5, p. 147-163, out. 1999. Disponível em: <http://www.uel.br/revistas/uel/index.php/histensino/article/view/12443/10933>. Acesso em: 19 fev. 2018.

SCHMIDT, M. A.; BARCA, I.; MARTINS, E. de R. (Org.) **Jörn Rüsen e o ensino de história**. Curitiba: Ed. UFPR, 2010.

SERRANO, J. **Epítome de história universal**. 17. ed. Rio de Janeiro: F. Alves, 1937.

SILVA, J. L. M. da. **Cozinha modelo**: o impacto do gás e da eletricidade na casa paulistana (1870-1930). São Paulo: Edusp, 2008.

SILVA, K. V.; SILVA, M. H. **Dicionário de conceitos históricos**. 2. ed. São Paulo: Contexto, 2008.

SILVA, T. de F. Hegemonia audiovisual e escola. In: SILVA, M. **História**: que ensino é esse? Campinas: Papirus, 2013. p. 153-171.

SONTAG, S. **Diante da dor dos outros**. Tradução de Rubens Figueiredo. São Paulo: Companhia das Letras, 2003.

SPARTACUS. Direção: Stanley Kubrick. EUA: Universal Pictures, 1960. 198 min.

SPIEGELMAN, A. **Maus:** a história de um sobrevivente. Tradução de Macedo Soares. São Paulo: Companhia das Letras, 2005.

STANDAGE, T. **História do mundo em 6 copos.** Tradução de Antonio Braga. Rio de Janeiro: J. Zahar, 2005.

STANDAGE, T. **Uma história comestível da humanidade.** Tradução de Maria Luiza X. de A. Borges. Rio de Janeiro: J. Zahar, 2010.

STRONG, R. **Banquete:** uma história ilustrada da culinária, dos costumes e da fartura à mesa. Tradução de Sérgio Goes de Paula. Rio de Janeiro: Zahar, 2004.

TEMPOS modernos. Direção: Charlie Chaplin. EUA: Charlie Chaplin Film Corporation, 1936. 87 min.

THEODORO, J. Educação para um mundo em transformação. In: KARNAL, L. (Org.). **História na sala de aula:** conceitos, práticas e propostas. 3. ed. São Paulo: Contexto, 2005.

TOBLER, W. R. A Computer Movie Simulating Urban Growth in the Detroit Region. **Economic Geography,** v. 46, p. 234-240, Jun. 1970. Disponível em: <https://dds.cepal.org/infancia/guia-para-estimar-la-pobreza-infantil/bibliografia/capitulo-IV/Tobler%20Waldo%20(1970)%20A%20computer%20movie%20simulation%20urban%20growth%20in%20the%20Detroit%20region.pdf>. Acesso em: 19 fev. 2018.

URBAN, T. **1968:** ditadura abaixo. Ilustrações de Guilherme Caldas. Curitiba: Arte & Letra, 2008. p. 49-56.

VERGUEIRO, W.; RAMOS, P. (Org.). **Quadrinhos na educação:** da rejeição à prática. São Paulo: Contexto, 2009.

VERÍSSIMO, F. S.; BITTAR, W. S. M. **500 anos da casa no Brasil.** Rio de Janeiro: Nova Fronteira, 1999.

VILELA, T. Os quadrinhos na aula de História. In: RAMA, A. et al. **Como usar as histórias em quadrinhos na sala de aula.** São Paulo: Contexto, 2009. p. 105-130. (Coleção Como Usar na Sala de Aula).

WOLKE, R. L. **O que Einstein disse a seu cozinheiro:** a ciência na cozinha. Tradução de Maria Inês Duque Estrada. Rio de Janeiro: J. Zahar, 2003.

ZABALA, A. **A prática educativa:** como ensinar. Tradução de Ernani F. da F. Rosa. Porto Alegre: Artmed, 1998.

Bibliografia comentada

BITTENCOURT, C. M. F. **Ensino de história**: fundamentos e métodos. 2. ed. São Paulo: Cortez, 2004. (Coleção Docência em Formação).

O livro da professora e historiadora Circe Maria Fernandes Bittencourt é uma obra de referência na área, constituindo-se em um verdadeiro manual para os professores de História. É um manual no sentido mais amplo e completo: apresenta as noções essenciais referentes à disciplina de História e funciona como um compêndio de informações sobre métodos, conteúdos, concepções e usos de materiais didáticos.

Na parte referente aos materiais didáticos, a autora apresenta dois artigos a respeito do uso didático de documentos, iniciando com uma reflexão teórica e finalizando com propostas pedagógicas para a utilização desse recurso em sala de aula.

KARNAL, L. (Org.). **História na sala de aula:** conceitos, práticas e propostas. 3. ed. São Paulo: Contexto, 2005.

As várias abordagens que compõem a obra são, como apresentado na quarta capa do livro, "uma declaração de amor ao ofício de ensinar História". Além dos cinco artigos que versam sobre as novas práticas e os objetivos das aulas de História, seus conceitos básicos, os temas transversais e o diálogo entre literatura e história, há também outros sete artigos que tratam dos recortes da história antiga, medieval, moderna, contemporânea, da América e do Brasil, além dos estudos de religião. As informações e reflexões apresentadas no livro possibilitam uma revisão dos conceitos, das práticas e dos objetivos adotados em sala de aula.

MONTEIRO, A. M. F. C.; GASPARELLO, A. M.; MAGALHÃES, M. de S. (Org.). **Ensino de história:** sujeitos, saberes e práticas. Rio de Janeiro: Mauad/Faperj, 2007.

Essa obra reúne uma seleção de trabalhos apresentados no V Encontro Nacional de Perspectivas do Ensino de História, realizado no Rio de Janeiro em 2004. Dividido em seis partes, o livro apresenta vários enfoques, como história da educação, história do ensino de História, história local e suas possibilidades em sala de aula. Na Parte V, há dois artigos que tratam do tema *documento e ensino*. Além de oferecer subsídios para a utilização de documentos no ensino de História, o livro pode auxiliar o professor em outras abordagens relacionadas às práticas de sala de aula.

PINSKY, C. B. (Org.) **Fontes históricas**. São Paulo: Contexto, 2006.

A coletânea de artigos organizados pela historiadora Carla Bassanezi Pinsky é um excelente ponto de partida para conhecer algumas preocupações de profissionais que lidam com fontes históricas. Consideradas como uma das principais matérias-primas do ofício dos historiadores, as fontes históricas são variadas em sua linguagem e em sua forma de apresentação, demandando certos cuidados daqueles que as manuseiam. O livro apresenta um amplo panorama das diversas fontes históricas em artigos que abordam fontes documentais, arqueológicas, impressas, orais, biográficas e audiovisuais.

Norton Frehse Nicolazzi Junior

Respostas

Capítulo 1

Atividades de autoavaliação
1. c
2. d
3. b
4. d
5. b

Atividades de aprendizagem

Questões para reflexão
1. Orientação: O objetivo dessa atividade é comparar aulas de História de diferentes tempos históricos, tanto da perspectiva do professor quanto da perspectiva do aluno, a fim de identificar semelhanças e diferenças. Com base no quadro comparativo, é possível refletir acerca das práticas docentes, verificando-se se os pontos positivos foram mantidos e se os pontos

negativos foram repensados e substituídos por novas alternativas metodológicas. Além disso, é possível refletir sobre o uso de linguagens como fontes históricas nas aulas de História.

2. Orientação: O objetivo dessa atividade é identificar: 1) como são as práticas para o ensino de História; 2) se o uso de linguagens entendidas como fontes históricas é explorado na organização da disciplina; e 3) como ocorre o protagonismo dos estudantes em cada etapa da educação básica. Trata-se de uma atividade de reflexão que permite rever práticas e identificar abordagens e estratégias.

Atividade aplicada: prática

1. Orientação: A organização de planejamentos de aula tende a ser, muitas vezes, uma atividade automática e mecânica. O propósito dessa atividade aplicada é a elaboração de um planejamento de sequência didática em que se observem alguns aspectos discutidos no capítulo. Por meio de um planejamento elaborado com base em determinado referencial, você deve verificar a presença de informações detalhadas de como o assunto/tema deve ser trabalhado (é importante considerar esses aspectos de acordo com a tipologia dos conteúdos de Antoni Zabala). Você também deve avaliar se o que foi planejado foi executado tal como foi concebido (havia flexibilidade para adaptações?); se os objetivos estabelecidos para a sequência didática foram alcançados; se houve (e como foi) o trabalho de exploração de linguagens entendidas como fontes históricas; e se a sequência didática foi significativa para os estudantes.

Capítulo 2

Atividades de autoavaliação

1. c
2. d
3. c
4. b
5. d

Atividades de aprendizagem

Questões para reflexão

1. Orientação: O objetivo dessa atividade é estimular a capacidade de selecionar um livro para as aulas de História de maneira criteriosa e diretamente relacionada ao assunto/tema que é objeto de estudo da aula. Pretendemos que a atividade possibilite a percepção de que não é qualquer livro que serve/funciona em qualquer aula, que o processo de escolha e seleção do livro a ser trabalhado é tão importante quanto o próprio livro. Além disso, solicitamos que sejam apresentadas as razões para a escolha do livro e que seja feita a indicação de como ele será explorado como fonte histórica – em outras palavras, você deve justificar o **para que usar** e o **como usar**, aspectos fundamentais para que a linguagem a ser explorada não seja apenas um recurso ilustrativo ou um tapa-buracos na aula. Por fim, reflita e explique se a leitura ou não do livro na íntegra deve auxiliar na organização do planejamento de aula, preparando o professor para a tarefa de focar o que realmente é importante para determinado objetivo de aula.
2. Orientação: O objetivo dessa questão é conduzir à identificação das informações mais elementares dos livros relacionados à história da alimentação apresentados no capítulo. Trata-se de

uma atividade aparentemente simples, porém fundamental para sistematizar e organizar o material que, eventualmente, será utilizado no planejamento de uma sequência didática. Reiteramos que, apesar de simples, a tarefa é trabalhosa e imprescindível para que as fontes escolhidas sejam exploradas de acordo com suas características intrínsecas e extrínsecas. Exemplo:

Título	Referência	Tipo de livro	Possibilidades para as aulas de História
De caçador a gourmet: uma história da gastronomia	FRANCO, A. **De caçador a gourmet**: uma história da gastronomia. São Paulo: Senac, 2001.	Livro de história escrito por um profissional, mas sem o rigor historiográfico de um historiador na apresentação das fontes consultadas e das referências.	É possível usar o livro como referência, servindo de ponto de partida para investigações em outras fontes históricas.
Banquete: uma história ilustrada da culinária, dos costumes e da fartura à mesa	STRONG, R. **Banquete**: uma história ilustrada da culinária, dos costumes e da fartura à mesa. Tradução de Sérgio Goes de Paula. Rio de Janeiro: Zahar, 2004.	Livro de história escrito por um historiador.	Por ser um livro de história elaborado por um historiador, é possível explorar os argumentos e as conclusões do autor e contrapô-los aos apresentados no livro didático e/ou elaborados pelos estudantes.

(continua)

(continuação)

Título	Referência	Tipo de livro	Possibilidades para as aulas de História
A rainha que virou pizza: crônicas em torno da história da comida no mundo	LOPES, J. A. D. **A rainha que virou pizza: crônicas em torno da história da comida no mundo.** São Paulo: Companhia Editora Nacional, 2007.	Antologia de crônicas publicadas em periódicos por um jornalista.	Deve ser explorado, mas com parcimônia. Nessa obra, não existe rigor historiográfico, e o estilo narrativo é destinado a revistas e jornais, fato que deve ser levado em consideração.
Uma história comestível da humanidade	STANDAGE, T. **Uma história comestível da humanidade.** Tradução de Maria Luiza X. de A. Borges. Rio de Janeiro: J. Zahar, 2010.	Livro de história escrito por um jornalista.	O livro foi alçado à condição de *best-seller*. Por isso, demanda cuidado ao ser considerado como fonte histórica.
História do mundo em 6 copos	STANDAGE, T. **História do mundo em 6 copos.** Tradução de Antonio Braga. Rio de Janeiro: J. Zahar, 2005.	Livro de história escrito por um jornalista.	O livro foi alçado à condição de *best-seller*. Por isso, demanda cuidado ao ser considerado como fonte histórica.

(conclusão)

Título	Referência	Tipo de livro	Possibilidades para as aulas de História
Rio Botequim: 50 bares e restaurantes com a alma carioca	RIO Botequim: 50 bares e restaurantes com a alma carioca. Rio de Janeiro: Casa da Palavra: Memória Brasil, 2004.	Guia de referência.	Por se tratar de um guia de referência, um manual, essa deve ser considerada sua função original. Entretanto, as informações disponibilizadas no livro permitem o trabalho nas aulas de História.
Comidas de botequim	CARVALHO, A. J. **Comidas de botequim**. Rio de Janeiro: Nova Fronteira, 1981.	Livro de receitas	Como todo livro de receitas, a obra revela parte de gostos e hábitos de determinada época. A seleção de receitas, por ser temática, é um detalhe que merece atenção quando o livro é analisado como fonte histórica.

Capítulo 3

Atividades de autoavaliação

1. b
2. a
3. c

4. c
5. d

Atividades de aprendizagem

Questões para reflexão

1. Orientação: O objetivo dessa atividade é trabalhar com as habilidades de seleção e organização de informações referentes a determinada linguagem entendida como fonte histórica. Nesse caso, deve ser escolhida uma música para ser trabalhada como fonte histórica, a fim de que você possa refletir sobre sua validade para uma sequência didática específica. Por isso, direcionamos a atividade para que sejam relacionados à música escolhida questionamentos sobre **o que** será ensinado, **para que** será ensinado e **como** será ensinado. Trata-se, portanto, de uma atividade que intenta transpor a teoria discutida no capítulo para a prática da sala de aula.

2. Orientação: O objetivo dessa atividade é perceber como as linguagens visuais, audiovisuais e sonoras/musicais, se não forem adequadamente trabalhadas, assumem facilmente o papel de elementos complementares ou meramente ilustrativos. Exemplo:

	Ilustração	Fonte histórica
Música	Execução da música para os estudantes sem a devida contextualização.	Contextualizar a música, seu autor e seu estilo. Analisar a letra e a melodia.
Fotografia	Serve como ilustração ou, na pior das hipóteses, como atestado de veracidade do discurso do professor ou do livro didático.	Investigar o que a fotografia mostra e relacioná-la a seu contexto histórico e ao fotógrafo. Entender sua função e seu objetivo.

(continua)

(conclusão)

	Ilustração	Fonte histórica
Filme/ cinema	Serve como ilustração, complemento ou "tapa-buraco" ao ser exibido na íntegra sem que haja tal necessidade.	Considerar a obra em seu contexto e em relação a seu diretor/produtor. Analisar intertextualidades. Verificar o roteiro e os diálogos. Analisar os enquadramentos.

Capítulo 4

Atividades de autoavaliação

1. b
2. c
3. b
4. c
5. c

Atividades de aprendizagem

Questões para reflexão

1. Orientação: O objetivo dessa atividade é promover a reflexão a respeito do uso direcionado de pinturas nas aulas de História. Por isso, indicamos duas obras para pesquisa, análise e exploração como fontes históricas. A intenção é ativar os conhecimentos trabalhados ao longo do livro até o presente capítulo, de modo que a teoria até aqui discutida possa, efetivamente, ser transposta para atividades práticas. Ao definirmos as obras que devem ser exploradas e indicarmos o contexto histórico a ser contemplado, limitamos a possibilidade de escolha, mas não as possibilidades de trabalho com as referidas fontes.

TURNER, J. M. W. **Chuva, vapor e velocidade**. 1844. 1 óleo sobre tela: color.; 91 x 122 cm. National Gallery, London.

MUNCH, E. **O grito**. 1893. 1 óleo sobre tela: color.; 91 x 74 cm. National Gallery, Munchmuseet.

2. Orientação: O objetivo dessa atividade é comparar as soluções arquitetônicas empregadas em residências de diversas épocas, a fim de que se percebam eventuais semelhanças e diferenças que evidenciem permanências e rupturas históricas. A atividade proposta é importante para desenvolver as habilidades de percepção das nuances nos objetos de pesquisa, isto é, nas fontes pesquisadas.

Atividade aplicada: prática

1. Orientação: A atividade é semelhante à de reflexão sobre soluções arquitetônicas para residências de diversas épocas. O objetivo é ampliar o trabalho de pesquisa e processamento de informações, culminando na elaboração de uma narrativa histórica como forma de sistematizar o trabalho e registrar uma interpretação/crítica. Propositalmente, não indicamos como a narrativa deve ser apresentada, pois acreditamos que a natureza da linguagem a ser pesquisada como fonte histórica pode, com uma pitada de criatividade e outra de liberdade, fomentar soluções narrativas em formatos alternativos aos modelos comuns (escritos e orais).

Capítulo 5

Atividades de autoavaliação

1. d
2. b
3. c
4. b
5. b

Atividades de aprendizagem

Questões para reflexão

1. Orientação: O objetivo dessa atividade é estimular a percepção daquilo que pode ser considerado patrimônio cultural em determinado local ou região, por determinada pessoa ou grupo social. Como o patrimônio cultural está intimamente relacionado às questões identitárias, é importante saber como as pessoas percebem o patrimônio cultural oficialmente instituído e se elas se identificam ou não com o referido patrimônio. Por meio da atividade, ainda é possível identificar outros patrimônios, como aqueles que não são oficialmente instituídos, mas são representativos para pessoas ou grupos sociais. Trata-se de uma reflexão importante, pois revelará aspectos fundamentais para que o patrimônio cultural seja explorado adequadamente em sala de aula.

2. Orientação: Trata-se de uma atividade de comparação entre mapas que fornecem informações históricas, como a presença de cidades e sua densidade demográfica e as principais rotas comerciais. O período de tempo compreendido entre os três mapas é de quase cinco séculos (de 1000 a 1483), período caracterizado por diversos processos históricos, como o Renascimento (cultural, comercial e urbano), a formação dos Estados nacionais modernos e o expansionismo marítimo europeu. A intenção aqui é permitir reflexões sobre como as informações apresentadas nos mapas e relacionadas a tais processos possibilitam que conceitos e fundamentos históricos sejam trabalhados em sala de aula, de modo a favorecer a construção e o desenvolvimento do conhecimento histórico.

Atividade aplicada: prática

1. Orientação: Trata-se de uma atividade com o propósito de organizar os conhecimentos trabalhados ao longo do livro, com ênfase nas linguagens abordadas no Capítulo 5. Mais uma vez, pretendemos que o conhecimento teórico possa ser aplicado em abordagens práticas na sala de aula. Assim, a delimitação do objeto de pesquisa, a seleção de fontes, a análise, a explicação e a interpretação das fontes culminam na apresentação de uma narrativa que, nesse caso, deverá trazer os resultados do confronto entre as informações levantadas em fontes de diversos tipos de linguagem e as informações encontradas nos aplicativos geoespaciais utilizados.

Capítulo 6
Atividades de autoavaliação
1. b
2. a
3. c
4. d
5. c

Atividades de aprendizagem

Questões para reflexão

1. Orientação: Essa atividade tem como objetivo promover a reflexão sobre experiências com jogos, buscando-se identificar acertos e erros nas práticas experimentadas em comparação com as sugestões metodológicas apresentadas no capítulo. Caso não seja possível citar uma experiência como base de comparação, sugerimos que a resposta leve em consideração a aplicação de um jogo em uma aula de História. Nesse caso,

a intenção é que sejam percebidos os objetivos do jogo e sua relação com os assuntos/temas trabalhados na aula de História.
2. Orientação: Essa atividade tem como propósito exercitar a elaboração de representações não linguísticas nas aulas de História. Esperamos que sejam apresentadas informações relacionadas a como a aula foi trabalhada para que seja possível avaliar como a representação elaborada cumpriu, ou não, seu objetivo, a fim de verificar a elaboração do conhecimento construído com outros conhecimentos (ou somado a eles).

Atividade aplicada: prática
1. Orientação: A proposta dessa atividade é trabalhar com a construção e o teste de argumentos historicamente plausíveis.

   A atividade envolve outros conteúdos abordados ao longo do livro, como a elaboração do planejamento de uma sequência didática, o uso de diferentes linguagens e a construção e verificação da validade de argumentos históricos.

Sobre o autor

Norton Frehse Nicolazzi Junior é graduado e mestre em História pela Universidade Federal do Paraná (UFPR). Durante a graduação, atuou em salvamentos arqueológicos e em pesquisas sobre patrimônio histórico urbano. No mestrado, pesquisou a administração municipal nas cidades coloniais portuguesas. Exerceu atividade docente no ensino fundamental e no ensino médio das redes pública e privada. É autor de livros didáticos de História para esses dois níveis de ensino. Atualmente, trabalha na área de formação continuada de professores de História da educação básica e é professor de ensino fundamental anos finais, ensino médio e ensino superior.

Os papéis utilizados neste livro, certificados por instituições ambientais competentes, são recicláveis, provenientes de fontes renováveis e, portanto, um meio responsável e natural de informação e conhecimento.

FSC
www.fsc.org
MISTO
Papel | Apoiando
o manejo florestal
responsável
FSC® C103535

Impressão: Reproset